CÓMO
INTERPRETAR LOS
SUEÑOS
— *y las* —
VISIONES

Cómo INTERPRETAR LOS SUEÑOS y las VISIONES

PERRY STONE

CASA
CREACIÓN

Cómo interpretar los sueños y las visiones
por Perry Stone
Publicado por Casa Creación
Una compañía de Charisma Media
600 Rinehart Road
Lake Mary, Florida 32746
www.casacreacion.com

Traducido por: pica6.com (Danaé G. Sánchez R. y
Salvador Eguiarte D.G.)
Director de diseño: Bill Johnson

Originally published in the U.S.A. under the title:
How to Interpret Dreams and Visions
Published by Charisma House, A Charisma Media
Company, Lake Mary, FL 32746 USA

Visite la página web del autor en: www.voe.org

Previamente publicado en tamaño regular, ISBN
978-1-61638-315-2, copyright © 2011. Todos los dere-
chos reservados.

Library of Congress Control Number: 2013940039
ISBN: 978-1-62136-448-1 (tamaño bolsillo)
E-book ISBN: 978-1-61638-504-0

Nota editorial: Aunque el autor hizo todo lo posible
por proveer teléfonos y páginas de Internet correctas
al momento de la publicación de este libro, ni la editorial ni el autor se responsabilizan por errores o cam-
bios que puedan surgir luego de haberse publicado.

Impreso en los Estados Unidos de América
14 15 16 17 18 * 8 7 6 5 4 3 2

DEDICATORIA

Solamente considero apropiado dedicar este libro al hombre que ha influido más en mi vida y ministerio, mi padre, Fred Stone. La vida y ministerio de mi papá se han caracterizado por una integridad impecable. Fue reconocido entre sus coetáneos como un hombre espiritual de oración, quien creía en que el Señor continuaba hablándole a su pueblo a través de la Palabra de Dios y de las manifestaciones del Espíritu Santo. Desde la adolescencia Dios lo visitó tanto en sueños como en visiones; muchas veces para advertir a la gente de algún peligro inminente y algunas otras para traer una palabra de sabiduría que ayudaría a alguien en un tiempo de crisis. A lo largo de este libro compartiré algunas de las visitaciones más sorprendentes que recibió, con el fin de ilustrar algunos puntos clave según se encuentran revelados en las Escrituras.

Los sueños de mi papá han salvado la vida de nuestros familiares en varias ocasiones ya que le han prestado atención a cada advertencia que él les ha dado y se dejaron guiar por lo que les dijo. La misma unción para ver advertencias espirituales en sueños y visiones comenzó a marcar mi propia vida en mis primeros años de ministerio. Debido a que la Biblia indica que en los postreros días Dios nos visitará con sueños y visiones, necesitamos tener una comprensión plena de este método para recibir revelación del cielo y de cómo entender los mensajes de nuestro Padre celestial. Espero que la revelación de estas páginas abra una nueva vía de conocimiento y comprensión de la manera en que Dios advierte, dirige y guía nuestros pasos, y de cómo revela su preocupación por nuestra protección, dirección y sabiduría espiritual para la vida diaria.

CONTENIDO

INTRODUCCIÓN

En junio de 1996 tuve una experiencia espiritual que más tarde demostró ser la advertencia de un ataque terrorista contra Estados Unidos. Me encontraba ministrando en las Asambleas de Dios de Brooksville, Florida, y estaba cenando en casa de un miembro local una hermosa tarde de domingo. Después de comer, me sorprendí al sentir un tremendo cansancio; de manera que me disculpé y me fui a recostar para descansar. Eran alrededor de las tres de la tarde cuando, recostado en la cama, intenté leer mi Biblia. En cuestión de minutos puse mi cabeza sobre la Biblia e inmediatamente caí en un sueño profundo.

¡Mi breve sueño fue interrumpido abruptamente por una visión a todo color! Yo estaba al final de un camino pavimentado mirando hacia la cima de una montaña donde terminaba la carretera en una gran pared de concreto. Había casas de un solo piso, construidas con ladrillos rojos, a ambos lados del camino y con aceras que llevaban a la montaña por ambos lados. Justo sobre el muro, en un cielo perfectamente claro, vi una nube negra cuadrada. Sentí curiosidad por saber de qué se trataba, de manera que caminé por la acera izquierda hacia la cima de la montaña. Me di cuenta de que estaba descalzo, lo cual después supe que en un sueño es un indicio de no estar preparado para lo que viene.

Escalé el muro al final de la calle y vi algo extraño. Era un gran campo de cultivo con largas filas de grano ya maduro.

1

Al mirar de izquierda a derecha parecía ser interminable. Sin embargo, tenía varios cientos de yardas de distancia a lo ancho. Directamente en el centro al final del campo de cultivo se encontraba un edificio que parecía una torre, idéntica al World Trade Center de Nueva York. Estaba envuelto por una nube negra sólida desde la cima hasta su base. Lo más espantoso fueron los cinco tornados grisáceos que parecían formarse frente a la gran torre. Los tornados permanecían inmóviles, pero de pronto, el de la izquierda comenzó a girar violentamente arrojando chispas y otros objetos. Parecía como si el segundo obtuviera su fuerza del primero y pronto, los cinco arrojaban chispas y giraban con un gran humo gris. Recuerdo perfectamente que no eran negros como suelen ser los tornados.

Cuando el tornado de la izquierda comenzó a girar, se movía desde la torre hasta el campo de cultivo y comenzaba desarraigar las cañas de grano, dejando un camino derecho vacío. Los otros cuatro se preparaban para moverse de la misma manera, cada uno destruyendo una línea de cañas desde atrás hacia el frente del campo de cultivo. Fue entonces cuando giré cuesta abajo, gritando: "Debemos meternos en la hendidura de la peña". Repetí lo mismo dos veces.

De pronto me di cuenta de que estaba recostado en la cama con los ojos abiertos. Estaba tan asombrado, sin saber lo que había visto, que salí de la habitación para hablar con un compañero ministro, Don Channel, quien viajaba conmigo. Le hablé de la visión y le dije que la torre se parecía al World Trade Center envuelta de negro, pero que no estaba seguro de su significado. La interpretación no era clara, como sucede a menudo con una advertencia espiritual. El entendimiento de la visión viene ya sea orando para recibirlo o la visión por fin se comprende a medida que comienza a cumplirse. Durante varios años relaté la visión, y en 1999 un artista, J. Michael Leonard, trazó un dibujo de lo que le describí en la visión.

Asimismo dibujó la imagen de una segunda visión que experimenté meses después, la cual parecía estar relacionada con la primera.

LA SEGUNDA VISITACIÓN

Meses después experimente una segunda visión que involucraba cinco tornados grises. Esta vez, yo estaba en una gran ciudad y comencé a escuchar a la gente gritar: "La tormenta se acerca, ¿qué debemos hacer?". Yo los guiaba a una iglesia local construida con grandes piedras grises. Veía tres grupos étnicos: hombres y mujeres afroamericanos, hispanos y asiáticos apiñados juntos con su grupo étnico respectivo. Algunos se veían pasmados y otros estaban en oración.

Al mirar a través de una abertura en la puerta de la iglesia vi cinco tornados grisáceos, uno después del otro, girando con furia. Esta vez había latas de refresco, papel para computadora y todo tipo de escombros siendo lanzados por la ráfaga de nubes grises. Pasaron cinco tornado en total. Cuando salimos había edificios de oficinas intactos pero que se encontraban vacíos, sus oficinas estaban inservibles y en ruinas. La ciudad entera estaba aturdida y los que venían de fuera estaban levantando zonas en las calles con comida, agua, ropa e incluso juguetes para aquellos de la ciudad que habían sufrido algún daño por las tormentas.

Yo sabía que estas dos visiones estaban relacionadas, sin embargo, la interpretación no era clara. Cuando compartí estas dos visiones con nuestros socios en nuestra reunión principal en Pigeon Forge, Tennessee, más tarde en ese año, les dije que creía que habría un ataque terrorista importante en el World Trade Center en el futuro. Después de mostrar los dibujos en 1999 durante el especial de televisión profética nacional, como todavía no había sucedido nada, coloqué los dibujos en el armario de mi oficina y no dije nada más al respecto, hasta la mañana del 4 de septiembre de 2001. Mientras limpiaba el armario saqué los dibujos y le dije a un compañero de trabajo de nuestra oficina, Mel Cobeck: "Mel, este es un ataque terrorista que vendrá contra el World Trade Center en el futuro. ¡No sé cuándo, pero sucederá!".

ENTONCES LLEGÓ EL 11 DE SEPTIEMBRE

La mañana del 11 de septiembre de 2001 yo estaba trabajando en las instalaciones de nuestro ministerio en la sala de cumplimiento de pedidos de *Manna-Fest* y de pronto mi secretaria entró corriendo y me anunció: "Alguien estrelló un avión contra el World Trade Center". Yo pensaba que una avioneta había golpeado la torre al morir su piloto en vuelo. Minutos después dijo: "Un segundo avión chocó contra la segunda torre y se cree que fue un ataque terrorista". ¡Fue entonces cuando me impactó darme cuenta de que la visión que tuve cinco años atrás estaba sucediendo! Fui a casa y vi en la pantalla de la televisión el humo negro del primer avión ascendiendo, formando el cuadro negro que vi en la visión. Más tarde, cuando colapsaron las dos torres, pude ver el cumplimiento de la visión cuando el *humo gris* corrió por la calle y ser descrito por los comentaristas como un "tornado" que envió a multitudes de personas a protegerse en los edificios. Después, los trabajadores de la zona cero me dijeron que mucha gente encontró refugio en una iglesia grande llamada Trinity Church, para buscar seguridad y orar. Fue la descripción exacta del edificio y la actividad que ocurría en la iglesia que había visto en la segunda visión.

En ese momento, el significado de los cinco tornados no tenía sentido. Pensé que habría cinco ataques (el Pentágono, el accidente aéreo en Pensilvania y posiblemente uno más, lo cual daría cinco). Sin embargo, todo se aclaró cuarenta y ocho horas después. Las torres uno y dos del World Trade Center, las torres gemelas, fueron atacadas, lo cual tuvo como resultado la destrucción de los edificios tres, cuatro, cinco, seis y siete de World Trade Center; otros cinco edificios que albergaban miles de empresas. Otros complejos de oficinas habían quedado arruinados por el polvo y fueron cerrados. Por supuesto, había muchas organizaciones de ayuda llevando alimentos, agua y los recursos necesarios tanto para la gente en necesidad, como para los trabajadores de la zona cero. ¿Qué hay del campo de cultivo?

En la historia de José, el campo representaba el hambre que vendría sobre Egipto. Los ataques del 11 de septiembre no hicieron escasear los alimentos. Sin embargo, el grano en el Antiguo Testamento era un alimento básico que también se vendía, y era una parte vital de la economía del mundo antiguo. En las parábolas del Nuevo Testamento, el campo representa al mundo y el grano la cosecha. Mirando en retrospectiva, el centro de negocios era el World Trade Center (Centro de Comercio Mundial) con oficinas que representan a muchas naciones albergadas dentro de sus torres. Asimismo, el grano puede representar la economía: los ataques del 11 de septiembre tuvieron un impacto devastador, no solamente en la ciudad de Nueva York, sino también en el sector turístico en general. ¡Por lo tanto, el grano estaba siendo *desarraigado*, lo cual indicaba que aquellos que se encontraban en los cinco edificios ya no trabajarían allí! Más tarde me di cuenta de que el muro de concreto desde el cual yo veía las tormentas podía referirse a *Wall Street*, la cual en mi visión no fue atacada por las tormentas de la misma manera que los otros edificios. Meterse en *la hendidura de la peña* era una referencia directa a Cristo, quien es la roca de nuestra salvación y un refugio en la tormenta.

¡Y SUS SUEÑOS Y VISIONES?

¿Alguna vez ha tenido un sueño preocupante que haya permanecido en su mente durante muchos días? ¿Alguna vez ha tenido una visión a todo color mientras duerme, una visión tan vívida que puede oler fragancias o sentir el viento fresco rozando su rostro? Es posible que su sueño tenga una connotación espiritual y que su visión definitivamente tenga un tipo de mensaje proveniente de la presencia del Omnipotente.

A los humanos se nos dificulta interpretar el significado de un sueño o visión espiritual, ya que a menudo contienen un simbolismo único e inusual. ¿Por qué Dios utiliza a menudo símbolos y no nos permite comprender un simple significado para la interpretación? ¿Qué significa ese simbolismo? ¿Cómo puede usted saber que un encuentro nocturno durante sus horas de sueño viene del Señor y no es una simple aparición producto de una imaginación salvaje? En este libro he detallado algunas claves bíblicas para ayudar al lector a comprender las respuestas a esta y muchas otras interrogantes.

El Señor mismo fue quien declaró en una profecía bíblica que en los postreros días derramaría su Espíritu sobre toda carne, con un resultado todavía más importante: "Vuestros jóvenes verán visiones, y vuestros ancianos soñarán sueños" (Hechos 2:17). Si el Espíritu Santo dará al Cuerpo de Cristo advertencias celestiales, revelaciones divinas e instrucciones prácticas a través de sueños y visiones, entonces los creyentes deben estar bien informados acerca de los métodos y significados de estas manifestaciones especiales y únicas. De eso es que se trata este libro.

Deseo lo mejor para usted y su familia.

—Perry Stone
—Fundador de Voice of Evangelism y
Presentador de Manna-Fest

Capítulo 1

LOS POSTREROS DÍAS: TIEMPO
DE RASGAR EL VELO

Pero el entendimiento de ellos se embotó; porque hasta el día de hoy, cuando leen el antiguo pacto, les queda el mismo velo no descubierto, el cual por Cristo es quitado. Y aun hasta el día de hoy, cuando se lee a Moisés, el velo está puesto sobre el corazón de ellos. Pero cuando se conviertan al Señor, el velo se quitará. Porque el Señor es el Espíritu, y donde está el Espíritu del Señor, allí hay libertad.

« 2 Corintios 3:14–17 »

El mundo espiritual es tan real como el aire que respiramos y el agua que bebemos. El plano natural es un reflejo del mundo espiritual. Las cosas terrenales están formadas a partir de las cosas celestiales (consulte Hebreos 8:1-5). Nuestro mundo está compuesto de árboles, ríos, montañas y ciudades. La ciudad celestial, la Nueva Jerusalén, tiene un árbol de la vida, el río de agua de vida resplandeciente como el cristal y un monte donde Dios es adorado, llamado el monte *Sión* (Apocalipsis 22:1-5). Estas realidades celestiales fueron la creación original reflejada en la Tierra cuando Dios creó al hombre.

La humanidad ha batallado para creer en un mundo que no puede verse, tocarse ni olerse. Para los escépticos, los ángeles son mitos y los espíritus demoníacos son una imaginación oscura de los guiones de Hollywood. La actitud predominante es el *síndrome de Tomás*, que dice: "Hasta no ver, no creer" (Juan 20:25, paráfrasis del autor). El hecho es que existe un velo invisible cubriendo tanto los ojos físicos como el entendimiento espiritual de hombres y mujeres, y es solamente cuando el velo se levanta o *rasga* que podemos ver la realidad del reino invisible haciéndose realidad. La Biblia es un libro escrito por cuarenta autores diferentes durante un periodo de mil quinientos años, que cuenta la historia de hombres llamados *profetas*, quienes fueron inspirados por el Señor y rasgaron el velo para ver imágenes celestiales maravillosas y eternas que trajeron a la humanidad la revelación de Dios.

Pablo escribió que existe un velo, parecido a escamas sobre los ojos de nuestro entendimiento que impide que la luz de la revelación de Dios entre en nuestra mente y nos ilumine con una revelación que cambiará nuestra vida. Si vivimos detrás de este velo, entonces nunca sabremos o experimentaremos lo mejor de Dios para nosotros. Este velo, el cual a veces se manifiesta como una falta de interés en los asuntos espirituales, opacidad en nuestro entendimiento o incredulidad espiritual con respecto a una idea fundamentada en manifestaciones espirituales basadas en la Biblia, *debe ser quitado* para experimentar lo que no hemos visto. Esta capacidad para ver el futuro fue el don que separó a los profetas bíblicos de sus falsos homólogos de las naciones idólatras cercanas. Estos visionarios hebreos tenían una reputación por conocer lo desconocido a puerta cerrada.

Un tal ejemplo puede verse cuando un general sirio envió a su ejército a capturar a uno de los profetas de Dios, Eliseo. El temor sobrecogió al siervo de Eliseo cuando este vio el ejército. Sin embargo, después de que Eliseo oró por que los ojos de su siervo fueran abiertos, el temor se convirtió en fe y el siervo vio caballos y carros de fuego acampando alrededor de ambos, formando una cerca protectora (consulte 2 Reyes 6:8–17). Existe una cobertura de algún tipo sobre nuestros ojos físicos que evita que veamos la actividad del mundo espiritual. No obstante, cuando dormimos, aún podemos *ver* imágenes mediante sueños o visiones. En las Escrituras, hombres como el apóstol Juan registraron estos sueños y visiones. Juan se encontraba en una isla cuando de pronto vio "una puerta abierta en el cielo", o como podríamos decir, "el cielo se abrió" y esta abertura proyectó su mente y espíritu hacia otro mundo, un mundo tan real como aquel en donde vivimos (consulte Apocalipsis 4:1; 19:11). Estos dos episodios bíblicos de Apocalipsis indican dos hechos importantes: algo ocurre en la Tierra y algo ocurre en el cielo para que la información sea liberada y el velo removido. En la Tierra, nuestros ojos deben ser *abiertos*. Esto sucede cuando nuestra visión interna, la cual crea imágenes en nuestro cerebro en la noche, recibe información del reino celestial, lo cual a su vez *se abre* permitiendo que la información eterna pase del reino celestial al reino terrenal.

Una pregunta que hacen los buscadores sinceros es: "¿Por qué Dios se preocuparía por revelar acontecimientos que no han ocurrido aún?". Una respuesta simple es que Él lo hace para prepararnos para algo o para hacer que intercedamos en oración para evitar o cambiar una situación. Por ejemplo, cuando Isaías le informó al rey Ezequías que ordenara su casa porque moriría pronto, el rey comenzó a orar de todo su corazón y su muerte fue pospuesta quince años (consulte Isaías 38:1–5). Otra razón por la que Dios se preocupa es que Él sabe que necesitamos comprender algunos acontecimientos del futuro.

¿POR QUÉ ESTÁ CUBIERTO CON UN VELO EL MUNDO ESPIRITUAL?

Los ojos humanos no pueden ver el mundo espiritual. Dios es Espíritu (Juan 4:24). Los ángeles son espíritus (Hebreos 1:13–14). El reino de Satanás está organizado en cuatro niveles de espíritus rebeldes (Efesios 6:12) y todo hombre es una creación tripartita de cuerpo, alma y espíritu, o como algunos lo enseñan, un espíritu con un alma que vive dentro de un cuerpo (1 Tesalonicenses 5:23).

En el tiempo de Adán y Eva, Dios entraba al huerto de Edén y se comunicaba directamente con el hombre, caminando por el huerto al aire del día (Génesis 3:8). Adán y Eva podían ver y escuchar a Dios claramente. Después de caer en pecado "fueron abiertos los ojos de ambos" y conocieron que estaban desnudos, y se avergonzaron (Génesis 3:7). Aunque sus ojos fueron abiertos, al mismo tiempo fueron cubiertos. A partir de ese momento, los visitantes angélicos comenzaron a presentarse en forma de visión, sueño o a tomar forma humana, al igual que los dos mensajeros angélicos que el Todopoderoso envió para investigar los pecados de Sodoma (consulte Génesis 19). Incluso el autor de Hebreos escribió que fuéramos cuidadosos al recibir a un extraño, porque no sabemos si estamos recibiendo a un ángel (Hebreos 13:2).

Si nos fueran abiertos los ojos y nos fuera levantado el velo, continuamente estaríamos viendo ángeles, entidades demoníacas y otras formas de seres espirituales. Aunque algunos desearían ver el reino invisible, el hecho es que cuando los grandes hombres de Dios y los profetas hebreos han traspasado el velo y han visto, por ejemplo, ángeles en todo su esplendor, las reacciones normalmente han sido caer y ser sobrecogidos por un gran temor. Abraham cayó en un profundo trance (Génesis 15:12) y se postró sobre su rostro cuando Dios le habló (Génesis 17:3, 17). Ezequiel describió haber visto al Todopoderoso en su trono con querubines y asombrosos seres celestiales que eran semejantes a una rueda en medio de rueda (Ezequiel 1) y también se postró sobre su rostro (v. 28). Algunas veces, al manifestarse una visión de Dios o del reino angélico, el profeta se postraba sobre su rostro (Ezequiel 9:8; 43:3; 44:4). Daniel describió un visitante angélico con brazos y pies de color de bronce bruñido, cabello blanco, sus lomos ceñidos de oro y sus ojos como antorchas de fuego. Su reacción fue tan visiblemente poderosa que incluso los hombres que estaban con él y que no vieron la visión, sintieron un gran temor, huyeron y se escondieron (Daniel 10:5–7). Daniel se encontró postrado sin fuerza en su cuerpo (vv. 8–9). Cuando Juan vio a Cristo resucitado en el cielo "cayó como muerto a sus pies" (Apocalipsis 1:17). ¡Incluso el asna de Balaam se echó cuando vio al ángel del Señor (Números 22:27)!

Cuando se levanta el velo y un simple mortal entra —no solamente en visión o en sueño, sino de verdad— en el mundo invisible de los ángeles, los demonios, el cielo o el infierno, el cuerpo humano no es capaz de soportar la gloria de lo celestial sin responder de alguna forma. Si pudiéramos vivir con nuestros ojos espirituales abiertos continuamente, creo que nunca podríamos terminar nuestro trabajo y nuestras horas de sueño serían interrumpidas continuamente.

Las Escrituras instruyen a los creyentes: "Porque por fe

andamos, no por vista" (2 Corintios 5:7). Yo no puedo ver físicamente a Dios, pero creo en Dios por la evidencia de la Biblia y porque tengo una fe que apoya mi confianza en la Palabra. Yo no puedo ver a un ángel volando por el cielo o un conflicto cósmico entre ángeles guerreros y principados llamados "huestes espirituales de maldad en las regiones celestes" (Efesios 6:2) con mis ojos humanos. Sin embargo, debido a que mi ser interior también es un *espíritu*, algunas veces puede percibir o *sentir* la presencia del Señor, el calor y la paz de un ángel o la opresión de los espíritus oscuros de maldad que están en mi territorio. Para rasgar el velo de lo invisible, un creyente debe estar *sintonizado* con ese reino particular de actividad espiritual.

EXISTE UN FUTURO

Cuando mi padre de setenta y siete años oró por mi hijo de veinte que estaba arrodillado frente a él en la pequeña casa de mi papá en Tennessee, con lágrimas en los ojos mi padre le dijo a Jonathan: "Existe un futuro". Él animaba a su nieto a no solamente vivir para el *momento*, sino a descubrir, planear y prevalecer para su futuro, el cual el Señor ya había puesto delante de él y de su hermana menor. En ese momento me di cuenta de que la vida se trata acerca de eso: del futuro. Cuando Dios diseñó un plan detallado para la redención del hombre del pecado, preparó los detalles mucho tiempo antes de que Adán cayera. Jesús es llamado "el Cordero que fue inmolado desde el principio del mundo" (Apocalipsis 13:8). Cuando Cristo oró antes de su muerte dijo que Dios lo había amado desde "antes de la fundación del mundo" (Juan 17:24). *¡Dios había planeado un futuro para toda la humanidad antes de que Adán y Eva fueran creados y cayeran en pecado!*

Una vez que el hombre pecó, Dios mismo soltó la primera profecía al predecir que la simiente de la mujer heriría la cabeza de la serpiente (Génesis 3:15). Dios lo dijo cuatro mil años antes de que María diera a luz al Mesías (Lucas 2). Después de que Caín asesinara a su hermano Abel, Dios no tardó en reemplazar a Abel con la nueva adición a la familia de Adán y Eva: un hijo llamado Set, quien comenzaría un linaje de nueve generaciones de hombres rectos, que conduciría al décimo hombre desde Adán: Noé (consulte Génesis 5). *Dios continuamente tiene nuestro futuro en su mente y en su propósito.*

Esa pasión del Todopoderoso por el futuro también se muestra en el hecho de que Dios piensa en forma generacional. Cuando Dios estableció su pacto a través de Abraham, Él tenía planeado que sus descendientes se convirtieran en una nación. Primero, Dios le prometió a Abraham un hijo para hacer una "nación grande" de los hijos de Abraham (Génesis 12:2). Años después, Dios predijo que Abraham sería "una nación grande y fuerte" (Génesis 18:18). Pasaron los años y entonces Dios visitó al nieto de Abraham, Jacob, y cambió su nombre de *Jacob* a *Israel*. Dios ensanchó su promesa al decirle a Jacob: "Una nación y conjunto de naciones procederán de ti" (Génesis 35:11). Después de que la nación de Israel se expandiera de setenta almas a más de seiscientos mil hombres de guerra (Éxodo 1:5; 12:37), el Señor anunció que la nación sería bendita "más que todos los pueblos" (Deuteronomio 7:14). De un solo individuo, Abraham, a las setenta almas que fueron a Egipto con José, en cuatrocientos años la nación creció hasta contar con seiscientos mil hombres que marcharon a través del Mar Rojo hasta llegar a los millones de judíos que existen en la actualidad en el mundo. ¡Dios estaba comenzando los preparativos para una gran familia llamada los *hijos de Israel* al hacer un pacto con un hombre, Abraham! Es por esto que Dios cambió el nombre de Abram (que significa "padre") a Abraham, que significa "padre de muchedumbre de gentes" (Génesis 17:5). ¡Israel comenzó con un sueño y una visión!

RASGAR EL VELO

Para el Todopoderoso es tan importante asegurar la confianza y la osadía para el futuro, que le permitió al hombre entrar en la dimensión de los sueños y recibir conocimiento vital para él mismo, para sus líderes o para las naciones sobre las cuales se le daría autoridad. Algunos ejemplos de sueños importantes que alteraron situaciones, establecieron destinos o trajeron conocimiento profético son:

> Dios le advirtió al rey Abimelec que moriría si no le restituía a Abraham su esposa Sara (Génesis 20:6–7).

> Dios le confirmó a Jacob a través de un sueño dejar a Labán y llevar a sus esposas e hijos a Canaán (Génesis 31).

> Dios preparó el futuro de José al darle dos sueños proféticos cuando era adolescente (Génesis 37).

> Dios le permitió a José interpretar los sueños del copero y del panadero mientras estaba en prisión (Génesis 40).

> José interpretó los dos sueños del Faraón y se prepararon para siete años de hambre (Génesis 41).

> Fue el "sueño del pan de cebada" lo que le dio a Gedeón la confianza para pelear contra los madianitas (Jueces 7).

> Dios se le apareció en un sueño a Salomón, otorgándole la sabiduría que había pedido (1 Reyes 3).

> Daniel fue el único hombre en Babilonia capaz de interpretar el sueño del ídolo metálico (Daniel 2).

> Más tarde, Daniel interpretó el "sueño del árbol" que Nabucodonosor tuvo, que predecía la caída del rey (Daniel 4).

Daniel experimentó un sueño profético importante acerca de los imperios del mundo representados por bestias salvajes (Daniel 7).

Casi seis mil años de la historia de la humanidad han demostrado que el que Dios planee el futuro de una persona, no garantiza que la oposición no eclipse la luz de la revelación. Hay un plan del reino de las tinieblas para distraer, interrumpir y destruir el futuro, tanto del plan profético de Dios como del destino personal de usted. Se dice que cada persona tiene un "destino", lo cual es simplemente *su futuro de acuerdo con Dios*. Así como Dios le reveló a Jeremías que lo conocía desde antes de que lo formara en el vientre de su madre, y que desde entonces lo había dado por profeta a las naciones (Jeremías 1:5), Dios ha predeterminado un plan para cada persona. Nuestra mente puede oscurecerse con todo el desorden, ruido y la infinidad de voces que hablan a nuestra vida, y nuestro entendimiento puede nublarse con las numerosas posibilidades de entre las cuales debemos elegir. Es por esto que algunas veces Dios permite que un creyente traspase el mundo físico y entre en el reino de un sueño o visión, de manera que puedan ser expuestas las estrategias secretas del enemigo y sean revelados los planes ocultos de Dios. Las advertencias que perciba y reciba pueden ayudarlo a evitar baches y dirigir su camino hacia cumplir su destino; comprender el plan de Dios lo facultará para procurar ese propósito.

La interrupción del plan de Dios para nuestra vida puede comenzar a temprana edad. Los niños son severamente atacados por el adversario durante los ciclos proféticos y las temporadas de cumplimiento profético. Esto fue evidente cuando el Faraón ordenó que los bebés varones de los hebreos fueran echados al río Nilo (Éxodo 1:22). ¡Se acercaba el momento en que un libertador sacaría a los hebreos de Egipto y el enemigo sin duda deseaba evitar el cumplimiento de la profecía al asesinar a todo varón que pudiera llegar a ser el libertador antes de que creciera! La segunda misión semejante asignada a un gobernante malvado sucedió cuando Herodes comisionó a los soldados romanos a que rodearan la zona de Ramá y mataran a los niños varones menores de dos años, intentando así asesinar al futuro rey de los judíos a quien venían a adorar los magos (Mateo 2).

Desde una perspectiva personal, si sobrevivimos nuestro nacimiento y llegamos a la adolescencia, comienzan otras batallas. Cuando José era adolescente (de diecisiete años), sus propios hermanos organizaron una conspiración contra él (Génesis 37). ¡Ellos estaban hartos de este soñador, el consentido de Papi, que andaba por todos lados en una túnica costosa! A José le había estado yendo bien hasta que comenzó a confesar los sueños acerca del éxito que tendría. En ese punto, sus hermanos conspiraron contra él y José terminó en una cisterna, y más tarde en una prisión; pasó trece años en circunstancias negativas que al parecer *matarían su sueño*.

Yo era un joven adolescente cuando el Señor comenzó a revelarme su voluntad y comencé a desarrollar mis planes en torno a ella. Me encontré con varias formas de persecución verbal de mis propios hermanos espirituales de la misma denominación a la que yo pertenecía. Cuando David, un adolescente, fue ungido por Samuel como el siguiente rey "en medio de sus hermanos", se desató envidia entre algunos hermanos mucho mayores que sentían merecer la posición más que su propio hermano menor (1 Samuel 16:13; 17:28).

En la adolescencia, el Espíritu Santo me inspiró a organizar un ministerio llamado The Voice of Evangelism (La Voz del Evangelismo) cuando solamente había predicado en tres estados. Los ministros decían: "Perry no es la voz de nada, mucho menos del evangelismo". Ellos estaban en lo cierto desde la perspectiva natural, pero no en el Espíritu. ¡El Señor tenía un futuro para mí! A los dieciocho formé un "Plan de alcance de 7 puntos" que incluía un ministerio de alcance a través de libros, reuniones de avivamiento, revistas y otras actividades de alcance. Entonces comencé a escuchar afirmaciones tales como: "¿Quién se cree que es, Billy Graham u Oral Roberts?". Sin pretender arrogancia, sabía algo que estos hombres no sabían. Tenía una pequeña pista del futuro. Había escuchado y visto en mi espíritu, y a través de sueños y la oración que el Señor me usaría para tener un ministerio internacional algún día. *Por lo tanto, ¡una vez que vea su futuro usted puede aprender a resistir la adversidad y saber por qué existe una oposición contra su destino!*

CUIDADO CON ESA CHICA

Cuando mi padre, Fred Stone era un ministro adolescente de cabello negro, conoció a una chica muy atractiva de la misma edad, quien tenía el don de tocar el piano y cantar. Por supuesto, se pensaba que si uno era un ministro, su esposa debía cantar o ser música. A él le agradaba la chica. Sin embargo, mi papá tuvo un sueño en el que vio a esta chica saliendo de un granero abrazando a un joven. Se dio cuenta de que la chica estaba teniendo relaciones sexuales con este muchacho. Y escuchó una voz que le dijo: "Ya te lo advertí, no te involucres con esa chica". Mi papá me dijo que después de ese sueño, la chica intentó hacer amistad con él; él se limitaba a saludarla. Incluso el tío de mi papá, un conocido ministro, reprendió a mi papá por no mostrar mayor interés en una chica tan talentosa. Tres meses después el padre de la chica le dijo al tío de mi papá que se alegraba de que mi padre no se hubiera involucrado en una relación con su hija, porque estaba embarazada fuera del matrimonio de un muchacho que conocía.

A la misma edad de mi padre experimenté una situación similar en mi vida. Yo tenía dieciocho años y viajaba de iglesia en iglesia dirigiendo reuniones semanales de avivamiento. En un lugar, una familia que yo conocía que tenía una hija de mi edad querían que saliera con ella a comer. Mi política era salir con un grupo de jóvenes para evitar salir solo con alguien del sexo opuesto. Pronto comenzó a decirle a sus amigos que tenía intenciones serias conmigo y que creía que nuestra amistad podría llevar al matrimonio. Al mismo tiempo, soñé que estaba preñada. En el sueño, el Señor me pedía evitarla. Esa misma semana, tres ministros conocidos me hablaron en confianza y me dijeron: "Debes tener cuidado con esta chica. Hay algo incorrecto en ella". Le mandé un mensaje a través de una amiga para que no me contactara de nuevo. Un mes después, su embarazo estaba confirmado y se casó con el padre del niño poco tiempo después. Años más tarde, su madre y ella asistieron para escucharme ministrar en una iglesia y pidieron hablar conmigo. Su madre, una mujer de Dios, la obligó a disculparse conmigo por intentar involucrarme en su situación sin mi conocimiento. La chica me dijo: "Esperaba que de pronto te enamoraras de mí y nos casáramos antes de que alguien supiera que estaba embarazada de ese hombre".

En ambos casos, con más de veintiséis años de distancia, nos tendieron la misma trampa a mi papá y a mí. Al tener el mismo tipo de sueño y advertencias, ambos evitamos perdernos de la voluntad de Dios y entrar en una situación que no solamente sería cuestionable, sino también vergonzosa y perjudicial al principio de nuestro ministerio. Estos ejemplos revelan la manera en la que funcionan las estrategias para perturbar los propósitos de Dios, ¡pero Él se preocupa por los detalles de nuestra vida, porque las *circunstancias* afectan nuestro destino!

A menudo, cuando pensamos en un sueño espiritual, nos imaginamos una visitación que nos advierte sobre algún desastre nacional o una advertencia internacional del mismo nivel que las que recibían los profetas del Antiguo Testamento cuando le avisaban a los sacerdotes y a los reyes de una calamidad próxima, sin embargo, Dios ha indicado en las Escrituras que se preocupa por cada persona y no solamente por las naciones en general. Cristo reveló que el Padre cuida de cada pajarillo que cae y de la hierba del campo (Mateo 10:29; Lucas 12:28). Y si el Todopoderoso se preocupa por el más pequeño de su creación, cuánto más se manifiesta esta preocupación por el hombre, que está hecho a su imagen y semejanza (Génesis 1:26).

LA NECESIDAD DE CONOCER

La comprensión del libro de Daniel fue sellada "hasta el tiempo del fin" cuando "la ciencia se aumentará" (Daniel 12:4). Existen muchas profecías que deben ocurrir en el "tiempo del fin", un término utilizado en el libro de Daniel cinco veces (Daniel 8:17; 11:35, 40; 12:4, 9). Se revelarán otras predicciones en los "postreros días", una frase establecida para identificar el tiempo en que el Mesías regresará, mencionada cinco veces en el Nuevo Testamento (Hechos 2:17; 2 Timoteo 3:1; Hebreos 1:2; Santiago 5:3; 2 Pedro 3:3). El derramamiento final del Espíritu Santo ocurrirá en los "postreros días" (Hechos 2:17) e incluye que los hijos y las hijas proficeen y experimenten sueños y visiones. Entre esta generación final existe una actitud de *necesidad de conocer* su futuro y su destino.

Esta *necesidad de conocer* es evidente cuando uno considera los millones de dólares que gastan las personas sinceras y, sin embargo, mal informadas en adivinos, astrólogos, sesiones de espiritismo y psicólogos. De acuerdo con el Pew Forum for Religion and Public Life, "aproximadamente 1 de cada 7 estadounidenses consultaron a un médium o a un adivino en 2009".[1] ¿Por qué el Cuerpo de Cristo debe relajarse y olvidarse de pedirle a esta generación que busque a Dios para obtener dirección, cuando el adversario les va a ofrecer un horóscopo para tal propósito? Existe una necesidad humana de conocer, y nuestro conocimiento de la redención puede encontrarse en la Biblia; del mismo modo que la guía para la vida diaria se encuentra en aquellas Escrituras inspiradas. Sin embargo, algunas veces no estamos seguros con respecto a las decisiones personales y nacionales que pueden verse y comprenderse a través de visiones y sueños. No obstante, el velo invisible debe rasgarse en la mente y el entendimiento. Esto comienza con el "factor sueño".

Capítulo 2

EL FACTOR "SUEÑO"

Y les dijo: Oíd ahora mis palabras. Cuando haya entre vosotros profeta de Jehová, le apareceré en visión, en sueños hablaré con él.

« NÚMEROS 12:6 »

Aproxímadamente 2,500 años después de la creación de Adán, Dios vino a Moisés en el desierto y le dio la primera revelación escrita de la Palabra de Dios para la humanidad. Desde Adán hasta el diluvio de Noé pasaron cerca de diez generaciones, abarcando 1,658 años. Desde Sem, el hijo de Noé, hasta la llegada de Abraham pasaron otras diez generaciones y un lapso de varios cientos de años (Génesis 11:10–26). Los teólogos llaman a estos años la *dispensación del gobierno humano,* ya que la humanidad no contaba con una ley escrita a la cual acudir o seguir. Sin embargo, Dios no permaneció callado durante 2,500 años. Él comenzó a revelar su voluntad a través de sueños, visiones, apariciones angélicas e incluso visitaciones personales de Él mismo. Cuando un hombre recto o un patriarca como Abraham, Isaac, Jacob o José tenían un sueño espiritual, siempre traía un mensaje críptico codificado en el mismo o en el simbolismo revelado.

La Biblia se refiere 115 veces a los sueños y la palabra *visión* se utiliza 79 veces en la traducción en inglés de la Biblia. Algunos sugieren que como ya tenemos la Biblia, Dios ya no tiene necesidad de hablar a través de un sueño o visión. No obstante, la Biblia misma dice claramente que Dios derramará su Espíritu en los postreros días, las visitaciones celestiales serán acompañadas tanto de sueños como de visiones:

> Y en los postreros días, dice Dios,
> Derramaré de mi Espíritu sobre toda carne,
> Y vuestros hijos y vuestras hijas profetizarán;
> Vuestros jóvenes verán visiones,
> Y vuestros ancianos soñarán sueños;
> Y de cierto sobre mis siervos y sobre mis siervas en
>   aquellos días
> Derramaré mi espíritu, y profetizarán.
>
> —Hechos 2:17–18

Debido a que los sueños y visiones serán manifestados a través de los creyentes cuando el Espíritu Santo comience a fluir en la tierra en los postreros días, entonces necesitamos estar conscientes de estos dos métodos de entregar mensajes, advertencias e instrucciones; además de saber cómo leer o interpretar correctamente los significados de los sueños y visiones.

EL ACTO DE SOÑAR

Existen dos tipos de personas: aquellas quienes sueñan a menudo y aquellas quienes sueñan rara vez. Yo sueño mucho en la noche y mi esposa sueña rara vez, si sueña, no se acuerda de lo que soñó. En algún punto toda la gente experimenta un sueño. La mayoría de los sueños son una pantalla mental que pasa de escena en escena mientras dormimos. Muy pocos sueños pueden clasificarse como espirituales, aunque ha habido sicólogos e investigadores renombrados quienes creen que todos los sueños tienen algún tipo de significado escondido a través de su simbolismo.

Cuando los creyentes comienzan a tener sueños que poseen una advertencia o un mensaje críptico o escondido, el acto de soñar puede aplicarse a tres categorías distintas.

Primero está el sueño ocasional que contiene un mensaje importante. Como lo mencioné, sueño continuamente durante la noche, pero mi linda esposa sueña rara vez. Sin embargo, si ella te dice que tuvo un sueño raro, es muy posible que su sueño sea un mensaje o una advertencia particular.

La segunda categoría se relaciona con los soñadores, quienes tienen un don especial para ver acontecimientos futuros, algo que es completamente inexplicable. Entre los antiguos imperios proféticos (Egipto, Babilonia, Persia y Grecia), cuando los reyes tenían un sueño que los perturbaba, ellos reunían a los "magos" o "adivinos" de su reino para interpretar el significado o dar instrucciones (Génesis 41:8; Daniel 2:2). En la mayoría de los casos, estos hombres poseían un don de sabiduría y entendimiento particulares, aunque muchos, si no es que todos, adoraban a dioses extraños (tal como el caso de los magos de Faraón, en Éxodo 7:11 y los magos de Babilonia). Es interesante resaltar que cuando Dios les dio sueños proféticos a Faraón y a Nabucodonosor, ni uno de los adivinos, intérpretes de sueños o magos de sus reinos pudieron comprender el simbolismo del sueño profético. ¡Solamente dos hombres llenos del Espíritu del Señor, José y Daniel pudieron comprender los significados! Este hecho revela que nunca fue la intención de Dios que los llamados "hijos de este siglo" (Lucas 16:8) comprendieran misterios espirituales. Él les da revelación acerca de misterios espirituales solamente a los hombres o a las mujeres que tienen el espíritu de sabiduría y entendimiento a través del Espíritu Santo (Efesios 1:17–18).

La tercera categoría de creyentes son aquellos que han recibido un don especial de revelación e iluminación. En las escrituras, Jacob, el hijo de Isaac era un soñador y experimentó un sueño dramático de ángeles que ascendían y descendían por una escalera cuya base estaba sobre la Tierra y la cúspide estaba en la puerta del cielo (Génesis 28:12–19). Aparentemente, este "don de sueños" fue transferido al hijo favorito de Jacob, José, quien a los diecisiete años tuvo dos sueños distintos acerca de que sus hermanos un día se arrodillarían ante él (Génesis 37:5–10). ¡José irritó tanto a sus celosos hermanos con su emocionante revelación, que le atrajo burlas y finalmente lo llevaron a una cisterna, para más tarde ser vendido a un grupo de nómadas que compraban esclavos! Observe la reacción de sus hermanos y la de su padre cuando José compartió su sueño: "Y sus hermanos le tenían envidia, más su padre meditaba en esto" (v. 11).

Esta es la diferencia entre alguien que piensa *en la carne* y alguien que piensa *en el espíritu*. Los hermanos nunca habían tenido un sueño con significado, pero su padre, Jacob, había tenido sueños en varias ocasiones. Si duda, Jacob vio el mismo tipo de *unción* en su hijo José, aunque una parte del sueño de José tenía algo de sentido. José vio once estrellas, al sol y a la luna arrodillarse ante él. Sabemos que Jacob tenía doce hijos incluyendo a José y existen doce constelaciones mayores en el circuito principal por el cual se mueve el sol durante un año solar. Las once estrellas no eran estrellas individuales en algún lugar del cielo, sino que aludían a once constelaciones mayores en el cielo. El padre de José, Jacob interpretó el sueño diciendo que las estrellas eran los hermanos de José, el sol era Jacob y la luna era la madre de José, Raquel, quien murió al dar a luz a Benjamín años antes (Génesis 35:18–19). Ella dio a luz solamente a dos hijos, José y Benjamín. Era la esposa favorita de Jacob y estos dos niños eran muy especiales para él. Sin embargo, su mamá ya estaba muerta. Le hubiera sido literalmente imposible simbolizar la luna y arrodillarse ante José; estoy seguro de que por ello Jacob no buscó la interpretación completa del doble sueño de José y en su lugar meditó en ella. En ese momento, una parte del sueño no tenía sentido.

Durante los años de ministerio he aprendido una cosa y es que algunas veces cuando Dios envía una instrucción utilizando un sueño o visión parte de lo que uno ve no es completamente comprensible en ese momento. Lo que usted ve en un sueño puede ser explicado y es claro y cierto, pero el *entendimiento* de los acontecimientos o de lo que estos significan puede ser falible. Yo casi cometo este error años después de ver la visión del World Trade Center que fue envuelta en una nube negra. La visión ocurrió en 1996. Sin embargo, en 1999, cuando mostraba los dibujos de la visión que un artista había trazado para mostrar lo que parecía ser el World Trade Center envuelto en negro (consulte las imágenes en las páginas anteriores), un experto en informática dijo: "Perry, ese objeto alto puede ser una computadora central que podría ser impactada por el fallo Y2K en el sistema, que algunos aseguran que puede

suceder el primer día del año 2000". Miré la computadora y
dije: "Siempre pensé que parecía el World Trade Center, ¡pero
posiblemente tengas razón!". En 1999 conduje un importante
programa profético especial que se transmitió en televisión
nacional y mostré varios dibujos de la visión de advertencia
de 1996. Mencioné que podría ser un ataque terrorista, pero
añadí: "Posiblemente sea una computadora central". Desde
1996 hasta 2001 pensé todos los días en algún momento acerca
de lo que vi, pero no podía unir todas las piezas, hasta el 11 de
septiembre de 2001 cuando todo se aclaró.

En una fuerte visitación espiritual en la que usted vea alguna
advertencia, no se desanime o frustre si no siempre comprende
los eventos por completo. Está escrito: "Gloria de Dios es
encubrir un asunto; pero honra del rey es escudriñarlo" (Proverbios 25:2). Buscar algo que estaba escondido fue el proceso
que Daniel utilizó cuando vio la palabra que "le fue revelada"
y que "el conflicto [era] grande" (Daniel 10:1). Daniel comenzó
un ayuno de veintiún días para recibir una mayor revelación
de la visión profética que había visto, lo que podemos encontrar en el capítulo 8 (con respecto a la Tribulación). Un ángel
de Dios (Gabriel, vea Daniel 8:16; 9:21) se le apareció a Daniel
y comenzó a revelarle acontecimientos futuros con un orden
sumamente detallado, a partir del tiempo de Daniel en Babilonia, hasta el final de la Gran Tribulación (consulte Daniel
capítulos 10–12).

El sueño de Jacob pareció un tanto contradictorio ya que su
madre había muerto en el parto. Si la luna era un símbolo de
Raquel y el sueño aludía a Jacob y a sus hijos terminando en
Egipto, donde José sería el segundo al mando; entonces la luna
no debería haber estado en el sueño de José. Sin embargo, considere lo siguiente: el *sol* y todas las *estrellas* son visibles a lo
largo del año. Pero la luna está llena solamente algunos días de
cada mes y existe un breve periodo en el que se le llama *luna
nueva,* lo cual quiere decir que no siempre es visible desde

la tierra. La oscuridad llena la noche no obstante, la luna continúa ahí. Raquel ya había muerto, sin embargo, el profeta Jeremías, cientos de años después de la muerte de Raquel la describió llorando en su tumba sabiendo que sus hijos serían llevados cautivos un día:

> Voz fue oída en Ramá,
> Llanto y lloro amargo;
> Raquel que lamenta por sus hijos,
> Y no quiso ser consolada acerca de sus hijos,
> Porque perecieron.
>
> —JEREMÍAS 31:15

¿Cómo sabría Raquel que sus hijos sufrían? Posiblemente este es un pasaje poético que simboliza el dolor que el corazón de una madre de Israel sentía por la pérdida de sus hijos. Quizá el alma y el espíritu de Raquel, en el inframundo donde estaban las almas que habían partido, estaban conscientes de que Israel enfrentaba un gran dolor en el tiempo de Jeremías. Lo mismo se podría aplicar a que la *luna* se arrodillara ante José en Egipto. Benjamín, el otro hijo de Raquel, estaría presente cuando se cumpliera el sueño.

LO QUE LOS SUEÑOS PARECEN CONTRADECIR

Esta no es la única vez en que parece contradecirse una visión profética. En el Antiguo Testamento, dos profetas mayores, Jeremías y Ezequiel predijeron que los Babilonios destruirían Jerusalén en los días del rey Sedequías. Jeremías predijo que el rey de Babilonia, Nabucodonosor "hará llevar a Sedequías a Babilonia" (Jeremías 32:5); mientras que Ezequiel predijo que Sedequías "no la verá, y allá morirá" (Ezequiel 12:13). El historiador judío Josefo escribió que, ya que estas dos predicciones parecían contradecirse (el rey sería llevado a Babilonia, y sin embargo, el rey no lo vería), Sedequías rechazó ambas predicciones y se negó a creer en las palabras de ambos profetas.[1]

Ambas profecías se cumplieron de la siguiente manera: en 2 Reyes 25:6-7, en el sitio final de Jerusalén, ¡el rey Sedequías fue traído ante el rey de Babilonia donde los babilonios le sacaron los ojos, lo ataron con cadenas y lo llevaron a Babilonia! *Fue llevado*, pero *no lo vio*. Sedequías tenía que haber creído lo que escuchó sin pensar tanto en cómo sucedería.

Un segundo ejemplo es cuando Isaías le dijo al rey Ezequías que el día vendría cuando "todo lo que está en tu casa, y todo lo que tus padres han atesorado hasta hoy" sería llevado a Babilonia y que no quedaría nada (2 Reyes 20:16-17). Daniel, un joven cautivo en Babilonia escribió en Daniel 1:2 que "parte de los utensilios de la casa de Dios" fueron llevados a Babilonia. ¿*Parte* o *todos* los artículos del templo fueron a Babilonia? ¿A estos dos visionarios se les cruzaron las visiones acerca del futuro? ¿Un profeta habló en la *carne* y otro en el *Espíritu*? La respuesta se encuentra en el 2º Libro de las Crónicas y en Jeremías. Durante la primera etapa de la invasión, Nabucodonosor tomó solamente parte de los utensilios de oro (consulte Jeremías 27). Nabucodonosor había asignado al hermano de Sedequías, Joacim, el nuevo rey de Judá. Jeremías intentó exhortar a Joacim a que se sometiera al rey de Babilonia. El rey de Judá se negó, y: "Por lo cual trajo contra ellos al rey de los caldeos [...] todos los entregó en sus manos. Asimismo todos los utensilios de la casa de Dios, grandes y chicos, los tesoros de la casa de Jehová, y los tesoros de la casa del rey [...] todo lo llevó a Babilonia" (2 Crónicas 36:17-18).

Esta visión terminó siendo correcta cuando se completó la invasión de los babilonios.

LA ASOMBROSA PARTE DEL SUEÑO DOBLE DE JOSÉ

Como lo mencionamos anteriormente, la madre de José murió en el momento del parto y era imposible que ella se arrodillara junto con el padre y los hermanos. Sin embargo, observe que había once manojos arrodillándose en el primer sueño de José. Si omitimos a José, Jacob tenía once hijos quienes permanecieron en la familia después de que José fue vendido a los ismaelitas como esclavo.

Años después cuando José interpretó el sueño de Faraón acerca de una hambruna próxima, él apartó siete años de maíz para evitar que Egipto muriera de hambre. Cuando llegó el hambre, los hermanos de José viajaron para comprar grano en Egipto. Podemos leer que los "diez hermanos de José descendieron a comprar trigo en Egipto" (Génesis 42:3). Benjamín no estaba con ellos y por lo tanto, no estaban los once hermanos que Jacob vio en su sueño. Cuando José tuvo la visión, él comprendió que aquel no era el significado completo de lo que había soñado veintidós años antes cuando vio los once manojos de trigo arrodillándose ante el suyo. Él comenzó a manipular a sus hermanos (sin que ellos lo supieran) y meses después cuando el decimoprimero hermano, Benjamín llegó y todos los once se arrodillaron ante José, supo que ese era el cumplimiento de lo que había visto en su sueño. ¡Fue entonces cuando les reveló su identidad! Esto debe enseñarnos a no intentar provocar que suceda un sueño o impacientarnos, sino tener cuidado y discreción cuando se persigue un sueño.

LOS SUEÑOS: LAS SEÑALES DE UN PROFETA

Antes de que la Torá (los primeros cinco libros del Antiguo Testamento) se terminara de escribir, los sueños y visiones eran dos métodos comunes que Dios utilizaba para traer revelación, para establecer pactos, advertencias y orientación divina a las personas y a la nación de Israel. Las naciones de la antigüedad, tales como los caldeos en las tierras de Mesopotamia, Egipto y Babilonia tenían hombres en posiciones importantes en sus palacios para interpretar sueños.

Entre los primeros hebreos, el hecho de que un hombre tuviera el don de recibir sueños y visiones, era señal de que este era un profeta o alguien a quien Dios visitaba con una revelación divina. Cuando el rey Abimelec vio a la esposa de Abraham, Sara y planeó secretamente tomarla como esposa, Dios le apareció en un sueño de advertencia y le dijo que sería un hombre muerto si tocaba a Sara. En el sueño, el Todopoderoso le informó al rey que Abraham era un profeta y que él oraría por la sanidad de Abimelec, y Dios escucharía y respondería la oración de Abraham (Génesis 20:1–7).

Cuando Samuel era un chico de alrededor de doce años, escuchó la voz del Señor llamándolo en tres ocasiones. Después de responder a la tercera vez, Dios le reveló a Samuel que expulsaría al sumo sacerdote, Elí y sus hijos del futuro sacerdocio de Israel. La visión del Señor se cumplió. Podemos leer que "todo Israel, desde Dan hasta Beerseba, conoció que Samuel era fiel profeta de Jehová" (1 Samuel 3:20).

En Hechos 2, en el Día de Pentecostés descendió el Espíritu Santo sobre los creyentes y todos fueron llenos del Espíritu Santo (Hechos 2:1–4). Pedro estaba entre los hermanos y comenzó a hablar sobre las profecías de Cristo que habían estado escondidas en todo el Antiguo Testamento. Pedro mencionó una profecía que dio David acerca de la manera en que Dios no dejaría el alma del Mesías en el infierno y no permitiría que el santo viera corrupción (v. 31). Pedro llamó profeta a David, ya que el dulce rey de Israel, quien había vivido mil años antes de Cristo había visto al Mesías venidero.

¡En cada ejemplo, estos hombres (y muchos otros) recibieron un conocimiento directo acerca de las cosas que vendrían y por lo tanto fueron clasificados como profetas! En los postreros días el Espíritu Santo hablará tanto a jóvenes como a ancianos. Algunos pensadores cristianos y teólogos más liberales creen que Dios ya no le habla en la actualidad a nadie más que a través de las Escrituras. Sin embargo, el hecho es que Dios siempre ha hablado y nunca ha dejado de hacerlo, lo que sucede es que no todos escuchan tan bien como otros. Cristo dijo:

> Pero cuando venga el Consolador, a quien yo os enviaré del Padre, el Espíritu de verdad, el cual procede del Padre, él dará testimonio acerca de mí.
>
> —JUAN 15:26

> Pero cuando venga el Espíritu de verdad, él os guiará a toda verdad; porque no hablará por su propia cuenta, sino que hablará todo lo que oyere, y os hará saber las cosas que habrán de venir.
>
> —JUAN 16:13

El Espíritu Santo hablará y hará saber las cosas que han de venir. ¡Esta promesa del Nuevo Testamento sigue vigente en la actualidad!

Capítulo 3

¿POR QUÉ ALGUNOS SUEÑOS TARDAN EN CUMPLIRSE?

Envió varón delante de ellos;
A José, que fue vendido por siervo.
Afligieron sus pies con grillos;
En la cárcel fue puesta su persona.
Hasta la hora que se cumplió su palabra,
El dicho de Jehová le probó.
Envió el rey, y le soltó;
El señor de los pueblos, y le dejó ir libre.

« SALMOS 105:17–20 »

Cuando el Señor me reveló la visión acerca de lo que finalmente serían los ataques del 11 de septiembre, pasaron alrededor de cinco años y tres meses antes de que sucediera el acontecimiento. Durante aquellos sesenta y tres meses en los que no vi nada que aclarara el significado de esta visión, puedo recordar haberme frustrado un poco al no saber *cuándo* ocurriría esa visión inusual. La visión nocturna de la trágica "tormenta" de petróleo que impactó Luisiana tomó alrededor de treinta y tres meses ver que era obvio que el resultado del incendio y el colapso de la plataforma de BP en el Golfo de México era el cumplimiento claro de la visión/ sueño nocturno de julio de 2007.

En julio de 2007 tuve una gran visión nocturna que tenía que ver con una plataforma petrolera en el Golfo de México. En la visión yo me encontraba en la ciudad de Baton Rouge, Luisiana, en la iglesia Christian Life Fellowship con mi amigo, el pastor Jerry Melilli. La visión comenzó conmigo descargando nuestra todoterreno en casa de una querida pareja con quien nos hospedamos cuando ministramos en el área de Baton Rouge. En la visión, el pastor Melilli me preguntaba si teníamos información nueva o revelación profética acerca de lo que ocurriría. Coincidentemente, de pronto veíamos un gran tornado negro caer desde el cielo completamente despejado. En ese momento cambió la escena y de pronto me encontré dentro de la *plataforma* (tráiler) de un camión de varios ejes que tenía un lado completamente abierto y lo demás estaba cubierto de una gran lona de plástico. No había nada siendo transportado en ese tráiler. El viento golpeó el camión, pero a mí no me hizo daño.

Después de bajar del tráiler escuché que una voz anunciaba que se estaba formando otra tormenta. Una vez más cambió la escena y me encontré en un centro comercial; los edificios estaban intactos, pero no había compradores. Cinco personas estaban en el suelo, tanto hombres como mujeres mostrando sus manos, brazos y pies, diciendo: "Ayúdenos. Esta tormenta nos ha afectado. Mire nuestras heridas". Sin embargo, sus heridas eran de *plástico* o artificiales y yo me daba cuenta de que ellos no necesitaban la ayuda o el auxilio que otros necesitaban. Cuando vino a mi mente este pensamiento en la visión, escuché una voz de mujer que decía: "Diles a las iglesias que habrá personas que asegurarán necesitar ayuda, pero no la necesitarán; ellos están utilizando al sistema para su beneficio. Diles a las iglesias que cuiden a aquellos de la casa de la fe primero". Sentí que lo que estas personas deseaban era obtener dinero o ayuda, pero no tenían la necesidad que otras personas tenían.

La escena cambió de inmediato. Mientras veía cómo se formaba un segundo tornado, me encontré en un restaurante grande y lujoso lleno de clientes. A medida que se acercaba la tormenta, corrí hacia el servicio de hombres (un pequeño cuarto cerrado) para escapar del violento viento. Después de que el edificio fue sacudido, regresé al comedor principal y todo el restaurante estaba vacío. Recuerdo haber pensado: "Qué raro que la tormenta no haya averiado el edificio, pero de alguna forma esté impidiendo que el restaurante opere".

Después me vi entrando en un pequeño cuarto cuadrado de concreto que tenía una ventana. Entonces se me unieron dos amigos, el pastor Dino Russo, pastor de la Iglesia Healing Place en Baton Rouge y el misionero Rusty Domingue, quien en el tiempo de la visión (julio de 2007) era parte del personal de una iglesia en Austin, Texas. No obstante, en la visión vi que Rusty trabajaba con el pastor Dino (me asombré cuando Rusty me dijo meses más tarde que se había mudado a Baton Rouge y que había comenzado a trabajar con Dino en Healing Place. Justo como lo había visto en el tiempo en que cayeron las *tormentas*). Al mirar a través de la ventana, vi caer del cielo el siguiente tornado y todos nos protegimos con una gran cubierta para evitar que los escombros cayeran sobre nosotros. Cuando se detuvo la tormenta pudimos salir seguros de nuestro escondite. Al asomarnos a través de una abertura en la habitación pude ver la calle principal de una pequeña ciudad donde había pequeños negocios cerrados. No había compradores en esta área en particular. Una vez más yo estaba confundido al ver que estos tornados, que normalmente derrumban edificios, no estaban destruyéndolos, sino solamente evitaban que la gente acudiera a las zonas comerciales.

Al asomarme por la ventana vi un enorme cuarto tornado formándose a la distancia. Mientras se formaba el cuarto tornado, toda mi familia se me unía en la habitación. En este punto de la visión he omitido varias partes, ya que involucran a una figura pública y sus padres, y algunos familiares míos. Después de la cuarta tormenta, yo luchaba por comprender por qué ocurrían estas tormentas, la relación que tenían con la gente de Luisiana y qué significaban. Llegó el quinto y último tornado, el cual aclaró mis dudas.

Después del cuarto tornado la escena cambió de Baton Rouge al Golfo de México cerca de la costa de Luisiana. El pastor Dino Russo permanecía junto a mí mientras mirábamos una gran plataforma en el Golfo de México cerca de la costa de Luisiana. De pronto, vi un tornado enorme (y de verdad era enorme) de petróleo negro que comenzaba a girar en las aguas del golfo. Mientras giraba violentamente, el petróleo negro estaba siendo arrojado en las hermosas aguas del Golfo de México. Entonces, el tornado de petróleo golpeó una plataforma y escuché un ruido extraño como un estallido. La parte superior del tornado comenzó a inclinarse hacia mí, como si se inclinara sobre el agua y mientras se inclinaba, escuché un tronido. La cima del tornado se convirtió en una tapa de metal con tornillos encima. Grité: "¡Van a tapar un pozo petrolero en la plataforma del golfo!". Estaba confundido, pensando en la razón por la que alguien taparía un solo pozo petrolero cuando existen cientos de pozos y plataformas en el Golfo de México. Cuando desperté, escribí los detalles en un papel para no olvidar lo que había visto. Lo feché: *Jueves, julio de 2007; 12:30 p.m.*

Meses después, llamé al pastor Dino, quien estaba en un viaje en el extranjero y le compartí el episodio completo. Como consecuencia, se preparó en caso de que una tormenta o varias tormentas de tipo *tornado* golpearan el área. Más de un año después, en el otoño de 2008, el huracán Gustav golpeó el área de Baton Rouge, dejando algunas zonas sin electricidad durante dos semanas. Más tarde, Dino me dijo: "Sucedió. Nos golpeó esta tormenta. Amigo, fue como la Tribulación aquí".

Le dije a Dino: "Esa no fue la tormenta mayor que vi en la visión. Lo que vi está por venir".

Dos años y nueve meses después de la visión, el 20 de abril de 2010 explotó la plataforma Deepwater Horizon ubicada en el Golfo de México cerca de la costa de Luisiana. Al principio no *relacioné* la explosión y sus repercusiones con la visión hasta que comencé a recibir varias llamadas de los socios de nuestro ministerio, quienes recordaron cuando les compartí la visión del *tornado de petróleo negro* en nuestra Reunión de Socios. Cuando la plataforma colapsó y la cámara submarina comenzó a captar la imagen del petróleo que brotaba de la abertura en la tubería, ¡me asombré, ya que el petróleo parecía un pequeño tornado girando bajo el agua! El crudo negro se estaba derramando en las aguas del Golfo de México y se extendía lentamente hacia los pantanos de Luisiana.

En el cuadragésimo primer día, la cámara submarina de BP anunció que la tubería había sido cortada y capturó una imagen de la tubería redonda de acero con grandes pernos a su alrededor. ¡De ahí era de donde estaba saliendo el petróleo hacia el agua! Literalmente grité y comencé a llamar a mis compañeros de trabajo a que subieran al piso de arriba a ver la televisión de pantalla plana que estaba en el muro. "Ahí está —dije—. Es lo que les dije haber visto en la parte superior del

tornado de petróleo negro de la visión. ¡Ahí está: el petróleo
sale girando de la parte superior!". Entonces dije: "¡Van a sellar
el pozo!".

EL SIGNIFICADO DE LAS CINCO TORMENTAS

Ahora que conozco el significado de la visión, ¿por qué vi
cuatro tornados antes del último gran tornado? Considere el
impacto del derramamiento de petróleo en las costas de Luisiana. Incontables camiones que entregaban mariscos prove-
nientes de Luisiana a los restaurantes de toda la nación no
pudieron hacer sus entregas por el daño al sector marisquero
debido al petróleo derramado. Esto tuvo como consecuencia la
cancelación de cientos de periplos pesqueros, lo cual a su vez
afectó a las tiendas pequeñas en ciudades a lo largo de la costa
que dependían de aquellos que disfrutaban de pescar deporti-
vamente tierra adentro y en la región del golfo para abastecer
las tiendas de mariscos. Según algunos, los restaurantes más
pequeños de algunas ciudades fueron cerrados o tuvieron un
decremento de la clientela del 80 por ciento durante la crisis.
La pesca fue detenida durante meses y también se vieron afectados otros negocios. Se puso a disposición ayuda financiera
para aquellos cuyos negocios habían sido afectados por la
crisis. Sin embargo, tal como en la visión, hubo algunas personas que buscaron ayuda financiera y que no necesitaban
ayuda directa, sino que se aprovecharon de la situación para
beneficio personal. De acuerdo con los reportes de octubre
de 2010, de 2011 a 2013, el sector pesquero en Luisiana podría
sufrir una pérdida de $115 a $172 millones de dólares como
resultado del derrame de petróleo. La pérdida de empleos
relacionada con dicho sector, alcanzó entre 2,650 y 3,975, con
una pérdida de salarios estimada entre $68 y $103 millones
de dólares.[1] Reportes recientes indican que el sector pesquero

de Luisiana podría permanecer afectado durante varios años hasta ver una recuperación completa.[2]

Al igual que en la visión del 11 de septiembre, cuando una visión o sueño está relacionada con una advertencia nacional, la comprensión de la visión o sueño puede no siempre comprenderse completamente en el momento. Quizá tome días, semanas, meses o incluso años para que ocurra. Sin embargo, si la visión o sueño es una advertencia nacional, a menos que el arrepentimiento pueda cambiar el resultado, se cumplirá.

Este fue uno de los desafíos que tuvieron incluso los famosos profetas del Antiguo Testamento cuando le relataban las advertencias proféticas a su propia generación. Isaías le informó al rey Ezequías que los babilonios en el futuro entrarían a Jerusalén y sitiarían la ciudad, destruirían el templo y se llevarían los invaluables utensilios de oro del templo en su regreso a Babilonia. Esta invasión sería detenida mientras el rey viviera, pero los descendientes del linaje de Ezequías sufrirían cuando llegara el momento (2 Reyes 20:16-21). No obstante, la profecía se cumplió muchos años después de que Isaías la pronunció. Tanto Isaías como Ezequías estaban muertos entonces.

El profeta Jeremías comenzó a advertirles a los ancianos y a los sacerdotes del templo de Jerusalén acerca de la destrucción venidera de Jerusalén. Predijo una destrucción masiva a manos de los Babilonios e incluso predijo la cantidad exacta de años (setenta) que los judíos serían llevados en cautiverio a Babilonia (Jeremías 25:11-12). Los sacerdotes y las autoridades religiosas del templo se molestaron tanto por la visión profética de Jeremías, que se levantaron en su contra y lo amenazaron con asesinarlo por sus advertencias negativas. De hecho, Pasur, el hijo del sacerdote y príncipe del templo puso a Jeremías en un cepo para acallarlo (Jeremías 20:1-3). Jeremías se decepcionó tanto por la incredulidad de los líderes y sacerdotes y por su falta de preocupación por el daño que se acercaba, que determinó no volver a hablar. Sin embargo, cuando intentó permanecer callado, dijo que sentía como "fuego ardiente" metido en sus huesos.

> Y dije: No me acordaré más de él,
> Ni hablaré más en su nombre;
> No obstante, había en mi corazón como un fuego
>   ardiente metido en mis huesos;
> Traté de sufrirlo,
> Y no pude.
> —Jeremías 20:9

Jeremías estaba tan seguro de que sus profecías eran verdaderas, que compró la tierra del tío de su hijo por diecisiete siclos de plata y tomó la carta de venta y la copia abierta, las puso en una vasija de barro como señal de que los judíos regresarían algún día a la tierra y reconstruirían la propiedad que yacería dormida durante la cautividad (consulte Jeremías 32). El asalto de los babilonios ocurrió en efecto años después, como fue profetizado y Jeremías capítulos 51 y 52 dan un recuento detallado de los vasos y los muebles sagrados que fueron llevados a la antigua Babilonia, la ciudad sobre el Tigris. Los sacerdotes no creían en la profecía de Jeremías, pero el viejo profeta creyó en la palabra que el Señor le había dado.

Imagínese el estrés que experimentaron estos hombres de Dios en su tiempo cuando los sueños y visiones del Dios de Israel, Jerusalén y los judíos vinieron a ellos y fueron comisionados por Dios para dar a conocer lo que se les había revelado en sus cámaras de oración. En muchos casos, sus sueños y visiones no se cumplirían durante su vida. Por ejemplo, tanto Daniel como Juan vieron el imperio profético final identificado como una bestia con diez cuernos y estas profecías, que se cumplirán en los postreros días no han ocurrido aún. Dios le ordenó a Daniel: "Sella el libro hasta el tiempo del fin" (Daniel 12:4), sabiendo que faltaba mucho tiempo para que se cumplieran estas visiones de los postreros días. Algunas advertencias eran tan avanzadas en la forma en que estaban presentadas, que su cumplimiento podía no ocurrir durante la vida del soñador. Esto sucede tanto con las advertencias como con los sueños o visiones que revelan lo bueno que vendrá, tales como el aprisionamiento de Satanás, el reino de Cristo de mil años en la Tierra y la nueva Jerusalén que descenderá del cielo a la como la vio Juan en la visión del Apocalipsis (Apocalipsis 21:22).

Asimismo, podemos recibir un sueño único o alentador y esperar que suceda inmediatamente. Sin embargo, el Señor le reveló a Abraham a la edad de setenta y cinco años que sería padre de una nación (Génesis 12:1–4), pero el hijo prometido no nació sino hasta que Abraham cumplió cien años (Génesis 17:1;17:21). Pasaron veinticinco años para que se cumpliera la promesa. Cuando Abraham tenía alrededor de ochenta y cinco años, su esposa, Sara, le ofreció a su sierva, Agar a Abraham para que le diera un hijo (Génesis 16:1–4). Después de diez años de esperar, Sara ya sabía que era estéril e intentaba *ayudar a Dios* a cumplir la promesa que le había dado a su esposo de tener un hijo. La razón por la que Dios esperó hasta que Sara tuviera noventa para permitirle embarazarse de Isaac, es que a la edad de noventa, "le había cesado ya la costumbre de las mujeres" (Génesis 18:11), lo cual quiere decir que ya había pasado la menopausia, haciendo imposible que concibiera. El nacimiento de Isaac, cuando Abraham tenía cien y Sara noventa, hizo que la concepción y nacimiento de Isaac fueran un milagro.

José tenía diecisiete años cuando fue vendido como esclavo (Génesis 37:2), y treinta años cuando dejó la prisión y se convirtió en el segundo al mando de los asuntos egipcios (Génesis 41:46). Pasaron siete años de abundancia en los que se prepararon para el hambre (v. 53) y ya habían pasado dos años de hambre (Génesis 45:6) cuando les reveló su identidad a sus once hermanos. ¡Por lo tanto, pasaron veintidós años antes de que se cumplieran ambos sueños de José! El episodio completo fue una prueba de la palabra de Dios en la vida de José (Salmos 105:16–21).

A Jacob también se le prometió que sería bendecido y heredaría la tierra de Abraham en un sueño de una escalera por la que los ángeles ascendían y descendían. Después de que Jacob engañó a su hermano Esaú, su madre le ordenó que saliera de la región hacia Siria, a la residencia de su hermano. Cuando Rebeca lo envió a Siria, ella pensó que Jacob solamente permanecería ahí "algunos días" hasta que Esaú se tranquilizara (Génesis 27:44). Sin embargo, Jacob pasó veinte años en la tierra de su tío Labán en Siria. Finalmente Dios le apareció a Jacob en un sueño y le ordenó regresar a la Tierra Prometida (Génesis 31:11–18). La juventud de Jacob fue dirigida por sueños, pero para que se cumplieran tuvo que esperar. El factor tiempo siempre estará presente en el cumplimiento de cualquier sueño.

Por experiencia propia he aprendido que un sueño de ánimo que revela la voluntad o propósito de Dios puede tomar años para cumplirse, pero Dios lo da con anticipación para *apuntalar su fe*, ayudándolo así a continuar sujetado de la promesa de Dios para usted. En 1988 tuve un sueño muy claro de una niña hermosa de cabello lacio que parecía tener cinco años de edad. Tenía una gran personalidad y era muy elocuente al hablar. Le pregunté: "¿Quiénes son tus padres?".

Ella me respondió: "¡Me llamo Amanda y soy la hija que tendrás!". ¡Soñé a la misma niña dos veces con meses de diferencia! Poco tiempo después supimos que mi esposa estaba embarazada. Ambos asumimos que el bebé sería niña debido al sueño. Hablamos acerca de pintar de rosa la habitación del bebé y nuestros amigos más cercanos comenzaron a comprar vestiditos con volantes para el bebé. El 23 de diciembre de 1989, a las seis de la mañana, mi esposa dio a luz a un maravilloso bebé a quien nombramos Jonathan Gabriel Stone. Yo estaba muy feliz, ya que existe una bendición sobre la madre cuando el primogénito es varón (Éxodo 13:2–15). No pensamos más en el sueño durante años, debido a que disfrutábamos mucho a nuestro hijo y se comportaba excelentemente al viajar. Cuando Jonathan creció, Pam y yo hablamos acerca de tener otro hijo, pero nuestro itinerario de viaje, la educación en casa de Jonathan y otras responsabilidades consumían nuestro tiempo.

En 2000 regresé a casa de un viaje al extranjero. Estaba recostado en la cama de la habitación principal de la planta superior, mis ojos estaban cerrados y cansados, cuando literalmente sentí la mano *invisible* de una niña en mi tobillo izquierdo. Me asusté tanto que me senté. Pam entró en la habitación al mismo tiempo y le dije lo que había sucedido. Ella preguntó: "¿Qué significa?".

Le dije: "¡Siento que debemos tener otro hijo!". Ese mismo año Pam se embarazó, pero a las siete semanas de embarazo, en el mes de octubre, mientras estábamos en nuestro congreso principal de otoño, sufrió un aborto espontáneo. Después de esa tragedia, ella sentía que no podía soportar tener otro hijo emocional ni físicamente. Comenzamos a orar y se embarazó en diciembre. Le dije: "¡Tendrás este bebé y será la pequeña que vi en el sueño de 1988!".

Meses después, ¡el ultrasonido confirmó que era una niña! Sin embargo, en el séptimo mes el ginecólogo vio un ultrasonido y le dijo a Pam: "Su líquido amniótico es bajo y es posible que su hija padezca síndrome de Down".

Pam regresó a casa con cierta preocupación. Yo la animé: "Vi una niña muy sana en ese sueño, ¡esta bebé NO estará mal NI padecerá enfermedad alguna en el nombre del Señor!". Mi esposa siguió las órdenes del médico y permaneció en cama durante todo el mes. A los ocho meses de embarazo, el 2 de agosto de 2001, nació la pequeña niña a quien vi *trece años antes* en el sueño. La llamamos Amanda, ya que fue el nombre que me dijo en el sueño. Ella tiene una gran personalidad y es exactamente como la niña del sueño. Aunque no hablamos mucho de ello, durante aquellos años, el sueño siempre permaneció en mi mente. Posiblemente por eso está escrito:

> Escribe la visión,
> Y declárala en tablas,
> Para que corra el que leyere en ella.
> Aunque la visión tardará aún por un tiempo,
> Mas se apresura hacia el fin,
> Y no mentirá;
> Aunque tardare, espéralo,
> Porque sin duda vendrá,
> No tardará.
>
> —Habacuc 2:2–3

Le escribí un poema a Amanda una hora después de nacer:

> Profundamente dormido a media noche
> Una visión, un sueño, una hermosa imagen
> Una niña de cabello oscuro me llama Papá
> Desperté, es sólo un sueño, ah, qué triste.
>
> Los días se hicieron años, y nuevamente apareciste tú
> A altas horas de la noche, en un sueño allí estás
> Tu nombre es Amanda, que significa digna de amor
> Desperté y oré al Señor en lo alto
>
> Que cumpliera el sueño en su tiempo.
> Los años pasaron, esperamos el día en que te veríamos.
> Una mano en mi tobillo, ¿que significa esta extraña
>   señal?
> Una voz en mi interior dice: "Este el momento".

A finales de octubre lágrimas repentinas llenan
　　nuestros ojos,
Pero pronto pasa el invierno y nuestros espíritus
　　reviven
Se oye un latido, se ve una imagen
Es una niña en el vientre: "Es Amanda", cantamos.

El segundo día de agosto, esperamos ansiosos
Pronto llegó el momento, la labor de parto era grande
Pero el dolor se convirtió en gozo cuando vimos tu
　　rostro
Cabello oscuro, eras tú, con moños rosas y encaje.

Tu mami, tu hermano y yo estamos aquí
Para amarte y protegerte del peligro y temor
Enseñarte acerca del lugar de dónde viniste
El cielo, los ángeles y la tierra de arriba.

Verte crecer será el gozo de mi alma
Hasta que te cases y tengas tus propios hijos
Podrás contar conmigo hasta que termine mi viaje
Y cuando llegues allá, te estaré esperando.

　　　—Escrito por tu papi en el cuarto de tu mami
　　　　el día que naciste, 2 de agosto de 2001

Existe una diferencia entre el hecho de que la visión o sueño se *demore* y que usted sea quien demore o retrase el sueño. Un *sueño demorado* es aquel que usted no ve ocurrir durante un periodo largo de tiempo. Sin embargo, algunas veces usted puede retrasar lo que Dios está listo para realizar en su vida, porque usted siente temor del fracaso, sus provisiones para llevarlo a cabo son escasas o no está seguro del tiempo en que se realizará. Posiblemente no siempre reciba una revelación del propósito de Dios para el futuro a través de un sueño nocturno. Su sueño inspirado puede manifestarse mediante un fuerte impulso interior en su espíritu para hacer un viaje, cambiar de trabajo o tomar una decisión que podría afectarlo a usted o a su familia en los años por venir. Algunas veces, la única manera de probar un *sueño* o un fuerte impulso interior que vibra continuamente en su espíritu, es dar pasos de fe.

Por ejemplo, he conocido a personas con una carga por ayudar a los pobres o ministrar en una nación extranjera a través de un proyecto de misiones. Cuando ven el sufrimiento de los niños y la pobreza desgarradora, sus corazones desean alcanzarlos pero sus pies nunca dejan su tierra natal. Pasan un año o dos y el deseo de viajar permanece, pero las excusas para no ir superan la obediencia. No hubo suficiente tiempo, suficiente dinero o una puerta abierta. Sin embargo, *la única manera de calmar el impulso es aceptar la misión* y hacer el viaje, incluso si es solamente una semana de todo un año, y ministrar aquellos rostros que usted ve continuamente en *su imaginación soñadora*.

DIOS PONE EN USTED LOS DESEOS

> Deléitate asimismo en Jehová, y él te concederá las peticiones de tu corazón.
>
> —Salmos 37:4

En hebreo, la palabra *deléitate* puede referirse a ser *flexible* o disfrutar algo. Cuando comenzamos a disfrutar nuestra relación con Dios, Él satisfará los deseos de nuestro corazón. Este pasaje puede entenderse de dos maneras. El significado principal es la palabra *deseos*, que en hebreo simplemente significa "la petición o solicitud de nuestro corazón". El significado simple es que nuestras oraciones y peticiones serán respondidas. Un segundo significado implícito es que Dios nos da esos deseos, es decir, lo que sentimos en nuestro corazón y espíritu fue puesto ahí por el Señor.

En 1980, cuando estaba ministrando en una reunión de avivamiento de cuatro semanas en Northport, Alabama, vi a una hermosa chica de diecisiete años llamada Pam en un grupo de alrededor de ochenta jóvenes quienes estaban adorando mientras el coro cantaba. Todavía puedo verla en mi mente. Escuché una voz interior que me dijo: "Te casarás con esa chica". Primero intenté ignorar la voz, ¡porque estábamos en pleno servicio! Sin embargo, la voz me lo repitió dos veces. ¡En ese momento ella entró en mi corazón y ni siquiera la había llevado a la primera cita! *Ella era el deseo de Dios para mí y Dios puso dentro de mí su deseo.* Y su deseo se convirtió en mi deseo. Se podría decir que "ella era la voluntad de Dios para mi vida", pero la voluntad de Dios sólo puede ser revelada a través del deseo. El deseo del que estoy hablando otra palabra hebrea, *ta'avah*, que significa "añorar algo o deleitarse en ello". Esta palabra se encuentra en los siguientes pasajes:

> Lo que el impío teme, eso le vendrá; pero a los justos les será dado lo que desean.
>
> —PROVERBIOS 10:24

> El deseo de los justos es solamente el bien; mas la esperanza de los impíos es el enojo.
>
> —PROVERBIOS 11:23

> La esperanza que se demora es el tormento del corazón, pero árbol de vida es el deseo cumplido.
>
> —PROVERBIOS 13:12

> El deseo cumplido regocija el alma; pero apartarse del mal es abominación a los necios.
>
> —PROVERBIOS 13:19

Una visión o sueño positivo puede en efecto motivar y avivar el deseo de que se realice. Sin embargo, puede requerir de una temporada de paciencia y de guardar cuidadosamente nuestros corazones para evitar que el sueño se muera dentro de nosotros. Piénselo, el lugar donde han muerto más sueños es el cementerio local. Muchas personas han muerto sin haber visto cumplirse aquellos deseos que fueron forjados en su mente o que surgieron en su espíritu. Tal vez decían: "Posiblemente cuando tenga más tiempo", "Cuando tenga el dinero", o: "Cuando se abra la puerta", y nunca persiguieron sus sueños.

UN RETRASO NO ES UN FRACASO

Nunca vea un retraso como un fracaso, así como nunca debe pensar que porque ha orado y el Señor no ha respondido, Él le ha dado un "no" rotundo. El "no" puede ser un "no" temporal, no permanente. Cuando Moisés clamó a Dios para que sanara de lepra a Miriam, el Señor inmediatamente dijo que no: no por el momento, pero ella fue sanada siete días después con el fin de seguir el patrón de la ley y enseñarle a la boquifresca hermana del profeta Moisés que evitara hacer comentarios imprudentes (consulte números 12).

¡Algunos retrasos son en realidad temporadas de preparación para sacar lo que no sirve de nosotros y para que el Señor pueda poner en nosotros su dirección! No siempre estamos listos para llevar a cabo la voluntad de Dios aunque creamos estarlo. Uno de los peligros más grandes en el ministerio es cuando un ministro, o incluso una iglesia, cree que ya lo *ha alcanzado* y que tiene todas las respuestas. Mientras el fruto que se encuentre en un árbol esté verde, crecerá, pero si continúa colgado después de madurar, finalmente se pudrirá. Si nosotros mantenemos un espíritu enseñable en el proceso de movernos hacia el favor de Dios, siempre aprenderemos y pasaremos al siguiente nivel de la revelación del Reino de Dios. Si llegamos a pensar que ya lo hemos alcanzado, podemos estancarnos.

Cuando nació el hijo ilegítimo de Betsabé y David, se enfermó. David pasó los siguientes siete días con el rostro postrado en intercesión, pidiéndole a Dios que sanara al niño. El niño murió después de siete días. Dios no sanó al niño, pero aquí no termina la historia. Betsabé tuvo un segundo hijo de David, quien fue llamado *Salomón,* que significa "apacible" y "amado del Señor" (2 Samuel 12:24). La tristeza por la temprana muerte de un hijo fue reemplazada por el gozo del nacimiento de otro hijo. ¡Salomón se convertiría en el hombre más sabio de la Biblia y quien edificó el templo más magnífico en la historia de Israel!

No todos los caminos son rectos. Habrá baches, obstáculos y desviaciones en el viaje. Y esto se debe a que usted debe lidiar con gente mientras persigue su sueño. Siempre recuerde que la gente nunca comprende lo que usted siente de la misma manera que usted. Cuando nuestro ministerio comenzó a crecer y contraté a muchas personas maravillosas, me llevó años darme cuenta de que no sentirían la carga por el *bebé* (el ministerio) que yo di a luz y cuidé, de la misma manera que yo. Una niñera puede amar al niño que cuida, pero una vez que sale de la casa, su carga o responsabilidad se termina, hasta la siguiente vez que regresa a la casa del niño.

Cuando era ministro adolescente asistí a varias reuniones de ministros muchos pastores y evangelistas maravillosos de la misma denominación. Muchas veces al regresar de las largas reuniones de avivamiento (de cuatro a once semanas en una iglesia donde cientos se convertían a Cristo). Entraba al salón como un torbellino, emocionado por la bendición del Señor y los resultados espirituales. ¡Imagínese una reunión de avivamiento que había durado once semanas con más de quinientos convertidos! La mayor parte del tiempo no podía dejar de contar lo que había sucedido y la respuesta que recibía era una sonrisa y una mirada que decía: "Que bueno, vamos a hablar de otra cosa". Parecía que los demás hermanos no estaban tan emocionados, y en realidad no lo estaban. ¡Se hubieran emocionado más si la reunión de avivamiento hubiera sido en su iglesia y no en la de alguien más!

SUCEDERÁ RÁPIDAMENTE

La mayoría de los eruditos cree que la famosa visión del libro de Apocalipsis fue escrita alrededor del año 95 d.C. Para aquellos que creen que los capítulos del 4 al 22 tienen una interpretación para el futuro, ¡imagínense escribir acerca del futuro y que mil novecientos años después los acontecimientos no hayan ocurrido! Esta puede ser una de las razones por las que algunos sugieren que el libro se ha ido cumpliendo a lo largo de la historia, lo cual es llamado *interpretación histórica*. En el libro de Apocalipsis existen varios pasajes reveladores que indican el tiempo en que se cumplirán las profecías.

Sucederán rápidamente:

> La revelación de Jesucristo, que Dios le dio, para manifestar a sus siervos las cosas que deben suceder pronto.
>
> —APOCALIPSIS 1:1

> Y me dijo: Estas palabras son fieles y verdaderas. Y el Señor, Dios de los espíritus de los profetas, ha enviado su ángel, para mostrar a sus siervos las cosas que deben suceder pronto.
>
> —APOCALIPSIS 22:6

En ambos versículos la palabra "pronto" no quiere decir que sucederán en un futuro cercano (o poco tiempo después de la muerte de Juan). Ambas palabras griegas significan "rápidamente, velozmente, con rapidez". Cristo estaba indicando que cuando venga el tiempo, estos acontecimientos comenzarán a sucederse rápidamente, uno después de otro.

Un retraso en un sueño o visión hará que la persona ejercite la paciencia al esperar que suceda el acontecimiento. En la Biblia, la fe y la paciencia son dos poderes gemelos que evitan que el espíritu del creyente se agote y se debilite mientras esperamos que la oración sea respondida o suceda lo que esperamos. Como está escrito:

> Pero deseamos que cada uno de vosotros muestre la misma solicitud hasta el fin, para plena certeza de la esperanza, a fin de que no os hagáis perezosos, sino imitadores de aquellos que por la fe y la paciencia heredan las promesas.
>
> —Hebreos 6:11–12

> No perdáis, pues, vuestra confianza, que tiene grande galardón; porque os es necesaria la paciencia, para que habiendo hecho la voluntad de Dios, obtengáis la promesa.
>
> —Hebreos 10:35–36

Recuerde que un retraso no es un fracaso. Ser paciente (tener mucha resistencia) es parte de caminar en fe. Al final sucederá lo que Dios le ha revelado; lo cual normalmente sucede muy rápido.

Capítulo 4

LAS PESADILLAS Y LOS SUEÑOS IMPUROS

Cuando digo: Me consolará mi lecho, entonces me asustas con sueños, y me aterras con visiones.

« JOB 7:13-14 »

Hace muchos años, en los días de los casetes, enseñé una clase que venía en dos cintas tituladas: "Los deseos de la carne". Mi esposa me decía: "Cuando la gente está en la mesa de materiales buscando casetes, deberías ver cómo reaccionan con el álbum. ¡Cuando lo compran lo voltean para que nadie lo vea! Es como si se avergonzaran de que alguien junto a ellos pensara: 'Ay, ¿tiene problemas con los deseos de la carne?'". Lo mismo sucede con respeto a las pesadillas y los sueños impuros. Uná persona puede relatarle una pesadilla o un sueño con imágenes aterradoras, pero existen algunos sueños de los que nadie quiere hablar. La gente necesita instrucción al respecto, acerca de algo que yo llamo *sueños sucios*.

Algunas veces la persona tendrá sueños que se consideran *viles* o *violentos*. Una persona puede ver a un atacante violento como un ladrón o un personaje peligroso en un sueño que intenta hacerle daño a él o a un familiar. En estas apariciones nocturnas negativas la persona participa como un actor en escena, provocando que su presión y el ritmo cardiaco sanguíneo se eleven mientras duerme. Algunas personas despiertan y les cuesta respirar. Estos sueños en inglés los llamamos *nightmares* (pesadillas), pero no tiene nada que ver con la palabra inglesa *mare* que significa yegua. Se dice que su origen se encuentra en el siglo XII como *nigt-mare*, un espíritu femenino que intentaba afligir al durmiente con un sentimiento de asfixia nocturna. La palabra también era utilizada en varias partes de Europa y finalmente fue vinculada con un *espíritu íncubo* que provocaba que la gente tuviera sueños malos. En el año de 1829 se convirtió en una palabra común para describir una pesadilla.[1]

También en raras ocasiones en la vida de un creyente, este sueña algo de lo que prefiere no hablar, porque las escenas en el sueño son lascivas, viles o seductivas. El sueño quizá tenga que ver con que el soñador participe en un acto de adulterio, se coloque en una posición comprometedora o que actúe de alguna manera que nunca lo haría. Estos sueños perturbadores e inmundos pueden ser simplemente llamados *sueños sucios*.

Desde un punto de vista rabínico, las pesadillas y los sueños sucios pueden ser el resultado de la presencia de un espíritu demoníaco (llamado *lilin* o espíritu nocturno) en la habitación de una persona que intenta dormir o que está en proceso de dormirse.[2] En el Nuevo Testamento existen varios términos utilizados para los espíritus malvados, entre ellos: espíritus malos (Lucas 8:2), espíritu inmundo (Marcos 9:25, Marcos 1:27), espíritu de enfermedad (Lucas 13:11) y espíritus engañadores (1 Timoteo 4:1). Estos espíritus son variedades de lo que los cristianos llaman demonios. La palabra *demonio* es la palabra griega *daimon*, que significa "un espíritu o algo con poder divino". En el Nuevo Testamento, como en Mateo 8:31, la palabra "demonios" es la palabra griega *daimon*. En el Antiguo Testamento, los demonios se asociaban con la idolatría y con llevar a la gente a adorar ídolos, como lo muestra Deuteronomio 32:17; Isaías 13:21; 34:14; 65:3.[3] Si un espíritu maligno en la atmósfera puede enviar dardos de fuego (Efesios 6:16) a la mente de un creyente mientras duerme en la noche, entonces no es culpa del creyente si tiene algún sueño extraño. Durante muchos años he dicho que los creyentes tienen cierta responsabilidad de lo que sueñan cuando están despiertos, pero no tienen control sobre su sueño ni sobre lo que sueñan.

Generalmente, si una persona no ve películas viles o de violencia antes de ir a dormir, y no ha comido una gran cena que provoque que a su cuerpo le cueste trabajo digerir mientras la persona está durmiendo, tendrá ciclos de sueño normales y podrá dormir bien. De esta manera, será extraño que tenga una pesadilla o un sueño sucio. No obstante, existen ocasiones en las que usted ha mantenido su mente limpia y llega a tener un sueño muy desagradable. Aunque esto suceda rara vez provoca que la persona se sienta sucia al despertar. Las imágenes de la pesadilla o sueño seductivo permanecen en la mente de la persona durante todo el día. Esta es una de las razones por la que es importante orar antes de ir a dormir y al despertar. En el tiempo de los templos, el Señor le ordenó al sacerdote que colocara un cordero en el altar por la mañana y uno por la tarde (Éxodo 29:39–42). Usted comienza su día de trabajo en la mañana y en la tarde se prepara para descansar. La oración puede renovar su mente en la mañana al comenzar su día y al anochecer al concluirlo. Ya no aplicamos la sangre de un animal, pero a través de nuestra fe y confesión podemos aplicar la sangre de Cristo, el Cordero de Dios; y es así cómo los creyentes vencen a Satanás (Apocalipsis 12:11).

LA FUENTE DE LAS PESADILLAS

No existe un pasaje directo en las Escrituras, o alguna tradición que yo conozca en la iglesia por la que los sueños agradables algunas veces se convierten en sueños amargos. Después de muchos años de viajar tiempo completo en el ministerio, tengo varias sugerencias de la biblioteca de mi experiencia personal.

La atmósfera que lo rodea

Si usted viaja mucho, no tarda en descubrir que todos los hoteles y moteles tienen su propia *atmósfera*. El *aire espiritual* tiene poco o nada que ver con el tipo de cama, los colores del cuarto o las imágenes de la pared. A principios de mi ministerio, nuestras reuniones de avivamiento de nuestra iglesia local duraban un promedio de dos semanas, o algunas hasta once semanas con una reunión cada noche sin interrupción. Pam y yo, y después Jonathan, nuestro hijo, vivíamos en una pequeña habitación de motel con una cama, una mesa redonda y dos sillas durante varias semanas seguidas. En esos días, pocas iglesias podían costear una suite o una habitación grande, y muchas ciudades pequeñas no tenían instalaciones modernas. Créame, ¡después de dos semanas nos invadía la *claustrofobia* y teníamos que salir un tiempo para evitar que las cuatro paredes nos volvieran locos! Recuerdo que a principios de la década de 1980 nos apostamos en un hotel de Calhoun, Georgia, durante tres semanas. Mi esposa y yo no podíamos dormir, nos sentíamos inquietos todo el tiempo y yo me sentía intranquilo en aquel lugar. Me tomó varios años caer en cuenta de que en un motel/hotel otras personas habían dormido en la misma habitación antes de que nosotros llegáramos. ¡Esas personas podrían haber tenido sus propios espíritus impuros controlando sus vidas y puede haber gente poseída por espíritus impuros durmiendo en el cuarto de al lado!

A menudo estas personas no son cristianas y pasan la noche viendo películas pornográficas, de violencia o de terror en la televisión por cable del hotel o en canales de pago por evento. Algunas veces, las personas se encierran en sus habitaciones bajo los efectos de la droga y alguna vez se puede escucharlos farfullando en voz alta bajo la influencia del alcohol. Entre más económicas sean las habitaciones atraen a más individuos de este tipo. Hemos escuchado a parejas peleando a puerta cerrada o grupos de jóvenes teniendo una fiesta en su habitación hasta las tres de la mañana, a pesar de saber que nosotros teníamos que despertarnos temprano para el servicio dominical de la iglesia. ¡Algunas veces pensé en levantarme por la mañana, abrir la puerta y gritar a todo pulmón: "Gloria a Dios", como venganza contra los bebedores que perturbaron mi sueño toda la noche!

La atmósfera en las cadenas hoteleras que están más orientadas a atender familias no permitían este tipo de perturbaciones y, por lo tanto, uno podía dormir más fácil y naturalmente. Después de años de pensar en por qué algunas habitaciones parecían más tranquilas que otras, me di cuenta de que cuando una persona duerme (en una habitación cercana a la mía), si esta persona está bajo la influencia de un espíritu impuro, ese espíritu no duerme mientras la persona duerme, porque el mundo espiritual no necesita dormir como los humanos (Salmos 121:4). Por lo tanto, cuando una persona duerme, el espíritu maligno es libre de entrar y salir del cuerpo de la persona a su antojo (Mateo 12:43). ¡Algunas veces sentí una presencia inquietante en la habitación y sabía que no era algo que yo haya invitado a acompañarme!

Un ejemplo en la Biblia sucedió cuando el rey Saúl era atormentado por un espíritu maligno: cuando David tocaba el arpa, el espíritu salía de Saúl "tenía alivio y estaba mejor" (1 Samuel 16:23). Más tarde el espíritu malo regresaba a Saúl y en una ocasión intentó asesinar a David con una lanza (1 Samuel 18:10–11). La obsesión mental de Saúl se tranquilizaba solamente cuando David lo ministraba a través de la música ungida. Así como este espíritu maligno podía entrar y salir, algunas veces cuando Pam y yo nos hospedábamos en ciertas áreas, nuestro sueño era interrumpido, por lo que creo que eran entidades malignas deambulando en la noche. Esta presencia molesta en la atmósfera puede ser el resultado de la persona que se hospedó en la habitación antes que nosotros o de las personas en habitaciones contiguas.

Los espíritus que gobiernan la región

Durante los viajes de nuestro largo ministerio de evangelismo ha habido dos ciudades que he sentido una presencia espiritual sumamente oscura, casi depresiva u opresiva. La primera vez fue en Savannah, Georgia, y la otra en Tampa, Florida. Mi primera experiencia en Savannah fue poco tiempo después de casarme a principios de la década de 1980. Nos estábamos hospedando en casa del pastor de una iglesia grande donde yo estaba ministrando cada noche. Mi esposa y yo nos sentíamos muy inquietos y no podíamos conciliar el sueño. Nuestros sueños eran muy perturbadores y despertábamos cansados. Después de un largo tiempo de oración sentí que había un *espíritu oculto* en el área. Cuando se lo dije al pastor, él se lo dijo a la iglesia, ya que el reverendo Lester Sumrall había manifestado recientemente haber sentido un espíritu oculto sobre la ciudad sumamente fuerte. El pastor se presentó delante de la iglesia y dijo que se había confirmado que había un espíritu oculto en el área. Esa noche también supimos de un grupo de seis brujas que vivían frente a la casa del pastor, por lo cual nuestros espíritus fueron sensibles a la atmósfera del área.

A finales de la década de 1980 comenzamos a ministrar en el área de Tampa. La zona en la que ministrábamos y donde nos hospedábamos se ubicaba al Sur de Tampa. En ese tiempo esta fue posiblemente la atmósfera más oscura y opresiva en la que he estado. Nuestro hijo aún era pequeño y despertaba cada noche exactamente a las doce treinta gritando y temblando. Esto sucedió durante el tiempo que permanecimos en la ciudad y cesó cuando partimos. Pronto descubrí que Tampa era un área conocida por la seducción, donde vivía un hombre en particular a cargo de varios centros de desnudistas y otras formas de pornografía que nos rodeaban en todas direcciones. Era una ciudad donde cierto tipo de gente salía de fiesta a beber y llenar los locales de desnudistas. También se decía que la Mafia había trasladado sus actividades a Tampa, por las drogas que se movían en Florida.

Parece ser que a menudo se puede relacionar la atmósfera en las grandes ciudades con el tipo de pecados, iniquidades y placeres carnales que dominan o controlan a aquellos quienes viven en esas zonas en particular. El pecado es más que una simple palabra. Tiene que ver con pensamientos carnales que llevan a acciones que impactan a la persona o alteran su personalidad; lo cual a la vez altera la atmósfera espiritual. Cuando muchos creyentes influyen en la moral y las leyes de una comunidad, le seguirá un espíritu de paz y tranquilidad a lo largo de la región. Cuando se venden drogas en las esquinas, deambulan las pandillas como lobos hambrientos, las cantinas se llenan de hombres embriagados y los espíritus seductores cautivan la imaginación de los jóvenes, entonces se puede sentir la cobertura del mal espiritual cuando la persona está despierta o dormida. Como está escrito: "Cuando los justos dominan, el pueblo se alegra; mas cuando domina el impío, el pueblo gime" (Proverbios 29:2).

Las señales y sonidos atrapados en su cabeza

La tercera posible razón para tener ese tipo de sueño se relaciona con lo que la persona ve o escucha antes de ir a dormir. Hace años en Ohio, yo estaba concluyendo un mensaje, cuando un hombre brincó y gritó: "Mi hijo, por favor ayuden a mi hijo. ¡Algo le sucede!". Le pedí a la iglesia que extendiera su mano hacia el muchacho, quien parecía tener un ataque. Comenzamos a orar y lo hice como Cristo lo haría: Comencé a reprender el espíritu que estaba atacando al niño de once años. El temblor se detuvo inmediatamente y sus ojos regresaron a su estado normal. El padre lloraba y la iglesia se regocijaba.

Más tarde le pregunté al padre si su hijo era epiléptico y este respondió: "No". Entonces dijo: "Esto nunca había sucedido". Me asombré y no podía entender por qué le había sucedido esto al muchacho. Después el padre confesó: "Le permití ver la película *El Exorcista* en el canal de películas. ¿Usted cree que eso haya abierto una puerta?".

Me quedé boquiabierto y fijé mi mirada en él durante un momento. Yo sabía que la Biblia cuenta acerca de un joven controlado por un espíritu que a menudo lo arrojaba al agua y al fuego para destruirlo (Marcos 9:20–23). También recordé que el padre le dijo a Cristo que el espíritu había venido a su hijo desde que era pequeño (v. 21). Los espíritus pueden atacar a los niños físicamente, pero es importante no permitir que ningún actividad visual o verbal que haga énfasis en el ocultismo, en la actividad demoníaca o en insinuaciones sexuales plante semillas en su mente. Tal semilla puede abrirle una puerta a un espíritu atormentador u opresivo. Podría haber sido el miedo de lo que el muchacho vio lo que abrió la puerta a que viniera un ataque físico.

Si usted disfruta las películas de terror sanguinarias, en las que los vampiros mastican carne humana y colorean sus colmillos con sangre humana, nunca pregunte por qué está teniendo sueños tan horribles en la noche. Si usted pasa su tiempo libre alimentando su espíritu con películas o programas violentos, o leyendo las últimas revistas de "mátenlos y entiérrenlos", entonces cuando comience a soñar que usted lleva una escopeta y que le está disparando a personas inocentes en la ciudad, es porque usted ha metido en su cabeza durante el día las imágenes y los sonidos cuyas *semillas* equivocadas están produciendo un mal *fruto* en la noche.

Muchos hombres son atraídos hacia una adicción secreta: la pornografía en la Internet. En el pasado, la desnudez completa solamente se permitía adquiriéndola en ciertas tiendas de contrabando o como películas de pago por evento. Ahora, la tecnología se ha movido a la computadora personal, donde hay miles de imágenes disponibles con el clic de un botón. La mente masculina puede ser fácilmente atraída por el mundo cibernético de la pornografía, estableciendo imágenes en el cerebro que jamás serán removidas. Los hombres luego se van a la cama con su esposa, sin interés en su amor y afección, habiéndose ya enraizado en una aventura emocional con una imagen sin vida, a todo color, de una mujer extraña. En lugar de dormir tranquilamente tendrán pesadillas atormentadoras o un *sueño sucio*, lo cual hará que incluso un esposo amoroso sea un esposo inquieto en la mañana gracias a un viaje nocturno en el mundo del subconsciente. Muchos hogares están siendo destrozados por causa de que el hombre o la mujer que se conectaron con un perfecto desconocido en la red. Quizá la palabra *red* describe bien lo que puede suceder cuando alguien se conecta a los sitios incorrectos.

CÓMO DETENER LAS PESADILLAS Y LOS SUEÑOS SUCIOS

Establezca la atmósfera en la habitación

Por experiencia propia, he descubierto algunas claves prácticas acerca de la manera en que usted puede cambiar la atmósfera. Hace años, un músico cristiano, Phil Driscoll compartió acerca de cómo la música altera cualquier atmósfera. Dijo que cuando se registraba en un hotel llevaba una grabadora con casetes de alabanza y adoración. Cuando salía a comer dejaba la música tocando para *purgar la atmósfera* de la habitación. Después de escuchar esto decidí intentarlo y se convirtió en una rutina, no solamente lo hice en una ocasión, sino continuamente en mis largas reuniones de avivamiento. La Palabra y la alabanza de un casete (ahora discos compactos) llenaban la atmósfera. Cuando olvidaba los casetes, mantenía sintonizado un programa cristiano en un canal cristiano de televisión.

Usted puede experimentar este *cambio* en un servicio de la iglesia. La atmósfera comienza a cambiar, como cuando las nubes traen lluvia fresca en el calor del verano. La Biblia es la Palabra escrita de Dios, pero debe ser hablada para que se convierta en un agente de cambio. No existe diferencia entre alguien que habla (o canta) en persona o alguien que lo hace a través de un DVD o disco compacto, y hay poder y autoridad en la Palabra hablada (Hebreos 4:12).

Establezca la atmósfera en la habitación donde dormirá, incluso en su propia habitación. Si no lo hace a través de alabanza cristiana, entonces hágalo mediante la oración y la alabanza personal antes de dormir. La alabanza trae el cielo a la tierra y los espíritus malignos no pueden permanecer en la misma habitación en que exaltan a Cristo los adoradores. En Marcos 5 había un hombre poseído por una legión de espíritus. Sin embargo, cuando Cristo salió del barco, el hombre poseído "corrió y se arrodilló ante él" (Marcos 5:6). ¡Ni siquiera una legión de espíritus pudo evitar que este hombre adorara al Señor!

Limpie su mente mediante la renovación del espíritu

Existe un simple y poderoso pasaje en 2 Corintios 4:16: "Por tanto, no desmayamos; antes aunque nuestro hombre exterior se va desgastando, el interior no obstante se renueva de día en día". Esta idea se repite en Colosenses 3:10: "Y revestido del nuevo, el cual conforme a la imagen del que lo creó, se va renovando hasta el conocimiento pleno". La palabra griega para *renovar* en estos pasajes viene de dos palabras: *ana*, que significa "de vuelta" y *kainos*, que significa "hecho diferente". Quiere decir hacer diferente de nuevo.[4] Es un proceso continuo de renovación y de ayudarse a pensar de manera distinta. La renovación de la mente es un proceso diario. A lo largo de un día normal, hay mucha basura y cargas excesivas que distraen y llenan nuestros pensamientos. Retirar esto es despejar los canales a través del "lavamiento del agua por la palabra" (Efesios 5:26).

Nunca he podido explicarlo, pero cada vez que abro mi Biblia y comienzo a leerla puedo sentir paz y renovación. Hay libros llenos de sabiduría como Salmos y Proverbios que dan instrucciones prácticas e inspiran el espíritu de la persona. Después de leer y meditar en las Escrituras, mi mente se siente limpia y fresca. ¡Puede compararse con una mente lavada con agua!

Declare palabras de descanso

Existen dos hermosos pasajes que los creyentes pueden leer, decir en voz alta y recibir para su beneficio personal antes de dormir en la noche:

En paz me acostaré, y asimismo dormiré; porque sólo tú,
Jehová, me haces vivir confiado.

—Salmos 4:8

Cuando te acuestes, no tendrás temor, sino que te acos-
tarás, y tu sueño será grato.

—Proverbios 3:24

Una creyente, miembro de mi equipo, Andrea Anderson
compartió durante un devocional matutino del personal
acerca de cuando era pequeña y tenía pesadillas continuamente. Su padre, un creyente dedicado, entraba en su habitación a orar para que tuviera un buen sueño. Ella comentó: "Mi
papá oraba todas las noches, yo iba directamente a dormir y
no tenía sueños tenebrosos o pesadillas. Sin embargo, si por
alguna razón no podía orar, esa noche no podía dormir tan
bien y tenía sueños perturbadores".

Al tener dos hijos, mi esposa y yo descubrimos la importancia de orar con nuestros hijos cada noche antes de dormir.
Les hemos enseñado a nuestros hijos a nunca irse a dormir
sin orar primero. Le leemos una historia a nuestra hija cada
noche y ella hace una oración especial de su corazón. Ella
duerme bien y siempre se despierta alerta y lista (¡me gustaría
tener esa energía!). Recuerdo a nuestro hijo, Jonathan, cuando
era pequeño, junto a mí en la cama hablando acerca de los
ángeles asignados para proteger a los niños. Algunas veces,
justo antes de ir a dormir decía: "¡Papi, levanta tus manos y ve
si puedes encontrar un ángel en la habitación!". ¡Él le llamaba
a mi brazo derecho "el detector de ángeles"! nos divertíamos
mucho y él también descansaba bien; rara vez (según lo que
recuerdo) despertaba de un sueño preocupante.

Durante el ministerio de Cristo en la tierra, los padres le
llevaban a sus hijos, y le pedían que pusiera sus manos sobre
ellos y los bendijera. En mi libro *Se descifra el código judío*,

en el capítulo que habla acerca de la manera en que los padres judíos crían a sus hijos de acuerdo con los ciclos de vida, escribo acerca de la importancia de la bendición de los padres a los hijos:

La Torá revela la importancia de bendecir verbalmente a sus hijos. Isaac pronunció bendiciones sobre Jacob y Esaú (Génesis 27) y Jacob bendijo a los dos hijos de José (Génesis 48); y luego le pasó las bendiciones a sus hijos (Génesis 49). Antes de la muerte de Moisés, él pronunció una bendición profética sobre las tribus de Israel (Deuteronomio 33). Los padres y abuelos judíos devotos ofrecen bendiciones continuamente sobre sus hijos y nietos, creyendo en la capacidad de Dios para transferir su favor a través de sus oraciones.

Las bendiciones se declaran en los días de reposo, en los días festivos y en otras ocasiones especiales. Es importante comenzar a hacer las oraciones de bendición cuando los niños son pequeños, tiernos y más receptivos, ya que tienden a sentirse más incómodos al entrar en los años de adolescencia.

El patrón para bendecir a los niños se narra en Génesis 48:2, cuando Jacob bendijo a Efraín y a Manasés. Jacob se sentó a la orilla de su cama cuando bendijo a sus nietos. El escritor de Hebreos narró que Jacob bendijo a sus propios hijos: "…apoyado sobre el extremo de su bordón" (Hebreos 11:21). En la actualidad, aquellos que bendicen a sus hijos prefieren mantenerse de pie con respeto al acercarse al trono de Dios. Cuando se preparan para pronunciar una bendición, le piden a los niños que inclinen su cabeza, enseñándoles así a reverenciar a Dios y les cuentan que las bendiciones fueron practicadas por sus ancestros en Génesis 24:48 y en Éxodo 12:17, cuando Israel partía de Egipto.

En hebreo la palabra *smicha* significa "imponer las manos". En el templo, el sacerdote ponía las manos sobre los animales simbolizando la transferencia de los pecados. El día de expiación se utilizaba una cabra, que se convertía en el chivo expiatorio. Jacob bendijo a sus hijos José, Efraín y Manasés poniendo las manos sobre su cabeza (Génesis 48:14). Antes de su muerte, Moisés le transfirió sabiduría y autoridad a Josué poniendo sus manos sobre él (Deuteronomio 34:9).

Antes de la bendición, ponga ambas manos sobre la cabeza del niño o una mano en la cabeza de cada niño, si son dos. Una bendición judía general que el padre hacía cada día de reposo por un hijo es: "Que Dios te bendiga como a Efraín y Manasés". Una bendición general sobre una hija es: "Que Dios te bendiga como a Sara, Lea, Rebeca y Raquel". Una bendición favorita puede pronunciarse con las mismas palabras que Jacob le dijo a Efraín y a Manasés:

El Ángel que me liberta de todo mal, bendiga a estos jóvenes; y sea perpetuado en ellos mi nombre, y el nombre de mis padres Abraham e Isaac, y multiplíquense en gran manera en medio de la tierra.

—GÉNESIS 48:16

Una bendición antigua que el sumo sacerdote oraba por la gente es aquella que oraba en el tiempo de Moisés y de ambos templos judíos:

Jehová te bendiga, y te guarde;
Jehová haga resplandecer su rostro sobre ti,
y tenga de ti misericordia;
Jehová alce sobre ti su rostro,
y ponga en ti paz.

—NÚMEROS 6:25–26[5]

Otro comentario importante del libro es el siguiente:

Los discípulos de Cristo le dijeron: "Enséñanos a orar" (Lucas 11:1). Ellos sabían que Cristo oraba muy temprano (Marcos 1:35) y vieron los milagros que resultaban de su vida de oración. ¡La mejor manera de enseñarles a orar a sus hijos es ser ejemplo y orar usted mismo!

Como un niño que creció en la década de 1960 puedo recordar a mi padre orando en la oficina de su iglesia con las ventanas abiertas, en el piso superior. Sabía que podían escucharlo al otro lado del río en la prisión local. Muchas veces en la noche escuchaba las oraciones de mi papá filtrándose por el respiradero del piso de mi habitación mientras él intercedía en el sótano de nuestra casa. Cuando yo estaba enfermo o en algún problema, creía en que Dios podía escuchar las oraciones de papá. Su vida de oración era un ejemplo y un patrón para que yo comprendiera *cómo* orar. Que sus hijos lo vean y escuchen orar en casa y no solamente en la iglesia.

Las oraciones más simples de *principiante* son aquellas que decimos en la noche. A la hora de dormir, los judíos ortodoxos mencionan a los cuatro arcángeles, dos de ellos se mencionan en la Biblia (Miguel y Gabriel) y los otros dos se encuentran en los libros apócrifos (no bíblicos). Ellos oran: "En el nombre del Señor, el Dios de Israel: Miguel a mi derecha, Gabriel a mi izquierda, Uriel delante de mí, Rafael detrás de mí; y sobre mi cabeza la Shekiná (la presencia) de Dios". Rafael tradicionalmente era el ángel de la sanidad y se creía que Uriel era la luz guiadora de las Santas Escrituras.[6] Los niños deben aprender una oración para la hora de dormir tan pronto como aprendan a hablar.

Antes de que el niño se vaya a la escuela, su padre debe orar por él. Utilizando la escritura "Y Abraham se levantó muy de mañana" (Génesis 22:3), las oraciones *Shacharit*, que significa "temprano en la mañana", eran las primeras tres oraciones diarias. En cuanto despierta un judío devoto, ora: "Te agradezco, Oh rey viviente y eterno, porque has regresado el alma a mi interior. Tu fidelidad es abundante".[7] Sabemos que Cristo oraba largo tiempo antes del amanecer (Marcos 1:35) y que se ofrecían oraciones matutinas en el templo al amanecer, al comenzar un nuevo día. Como padre, haga una oración de protección por sus hijos antes de que salgan de la seguridad de su morada.[8]

Posiblemente usted sea padre o madre soltero y esté muy ocupado trabajando y criando a sus hijos. Es importante que aproveche aquellos momentos especiales en la noche antes de que sus hijos se vayan a dormir para compartir un devocional y para orar personalmente por ellos, pidiéndole al amado Padre celestial que tengan un "sueño grato" (Proverbios 3:24). Si usted mismo no puede descansar bien en la noche, entonces considere la siguiente promesa de la Palabra de Dios:

> Tú guardarás en completa paz a aquel cuyo pensamiento en ti persevera; porque en ti ha confiado.
>
> —Isaías 26:3

> Al de carácter firme lo guardarás en perfecta paz, porque en ti confía.
>
> —Isaías 26:3 NVI

En la versión King James de 1611 de la Biblia en inglés el versículo dice "perfecta paz". En hebreo, el idioma original del libro de Isaías dice que Dios lo preservará en "shalom, shalom". La palabra hebrea *shalom* significa "estar en paz, estar completo y lleno". Se utiliza entre los judíos como un saludo, como decir "buenos días" u "hola", y a menudo se utiliza para decir adiós.

Si los traductores lo hubieran traducido literalmente diría: "Dios te guardará en 'paz, paz [...]'". En español, la repetición seguida de una palabra sería un error gramatical. Nunca diríamos: "Dios te ama, te ama", ni: "Te ves bien, bien", sino diríamos: "Dios te ama *mucho*", o: "Te ves *muy* bien". Parece que cuando los traductores de la Biblia vieron las palabras "paz, paz" tradujeron esas dos palabras como "perfecta paz". Hace años, cuando meditaba en esta repetición de la palabra recordé que el cerebro humano consta de dos hemisferios diferentes, el izquierdo y el derecho, y cada uno es el centro de comando de diferentes partes del cuerpo. Para mí, ¡esta doble paz se refiere a la paz que cubre ambos hemisferios del cerebro humano! En otras palabras, ¡Dios guardará (protegerá) y asegurará todas las partes y secciones de su mente en su paz!

Dios cree en el descanso. Estableció un patrón para nosotros cuando descansó el séptimo día de la creación (Génesis 2:2) y estableció un día de descanso a la semana para que lo disfrutáramos (Éxodo 16:26–29). Él también desea que usted duerma bien y que sus sueños sean de paz y no de inquietud, que sea instruido por la Palabra y por el que Espíritu Santo para discernir entre una pesadilla carnal y una verdadera advertencia espiritual del Señor.

Capítulo 5

FALSOS PROFETAS Y SUEÑOS FALSOS

Yo he oído lo que aquellos profetas dijeron, profetizando mentira en mi nombre, diciendo: Soñé, soñé. ¿Hasta cuándo estará esto en el corazón de los profetas que profetizan mentira, y que profetizan el engaño de su corazón? ¿No piensan cómo hacen que mi pueblo se olvide de mi nombre con sus sueños que cada uno cuenta a su compañero, al modo que sus padres se olvidaron de mi nombre por Baal?

« JEREMÍAS 23:25-27 »

Al escribir acerca de la importancia de los sueños espirituales deseo aclarar completamente que una persona no debe vivir su vida de acuerdo con los sueños, sino de acuerdo con la Palabra de Dios. Una visión o un sueño verdadero siempre estará de acuerdo con las Escrituras y complementará la voluntad de Dios en la vida de una persona. Las Escrituras aclaran que algunos profetas autoproclamados pueden manipular el corazón de personas inocentes y sinceras con una palabra falsa o con un sueño falso; y que intentarán hacerlo.

Desde el tiempo de Moisés y a lo largo de las generaciones de los profetas bíblicos, una de las mayores espinas hincadas en la carne de los verdaderos profetas fue el número de falsos profetas que desafiaban a menudo a los profetas del Señor. En tiempos del rey Acab, se estaba planeando una batalla estratégica en el salón de mando y el rey Josafat se había alineado con el malvado Acab. El rey Acab hizo marchar una procesión de *títeres proféticos* delante su trono. ¡Todos sonaban como disco rayado prediciendo que si Acab iba a la batalla, ganaría! El rey Josafat sintió lo vacío de estas profecías que sonaban como un loro repitiendo las mismas palabras, y pidió que le trajeran un verdadero profeta del Dios hebreo. ¡El único hombre de Dios capaz de hacer venir una palabra verdadera estaba preso en el calabozo para evitar que sus predicciones *negativas* se mezclaran con los profetas *positivos* y que llegaran a confundir a alguien! El *verdadero* profeta, Micazas, fue liberado el tiempo suficiente para dar una palabra, pero el guardia limitó sus palabras y le advirtió que solamente hablara una palabra suave y positiva que concordara con las de los falsos profetas. Él le siguió el juego hasta que Acab le pidió decir la verdad.

¡Fue entonces cuando el malvado rey supo la verdad! Micaías vio una visión en la que los ángeles del cielo estaban reunidos a diestra y siniestra del trono de Dios. El profeta vio cómo Dios iba a tenderle una trampa a Acab para ser asesinado en la batalla permitiendo que un "espíritu de mentira" engañara a todos los falsos profetas del palacio y haciendo que Acab creyera su predicción mentirosa de victoria (2 Crónicas 18:1–27). Yo lo llamo *el duelo de los profetas*. Sedequías, un presunto profeta, golpeó a Micaías en el rostro y le preguntó: "¿Por qué camino se fue de mí el Espíritu de Jehová para hablarte a ti?" (v. 23). Un hombre predecía una gran victoria y el otro predecía la muerte. Uno tendría la razón y el otro probaría ser un mentiroso. ¡El profeta de Dios ganó el duelo!

PROFECÍA PERSONAL

En la actualidad, las multitudes tienen una verdadera hambre de experimentar un encuentro espiritual genuino que cambie su vida y de escuchar una palabra clara del Señor. Cualquier persona con hambre de sabiduría, entendimiento y sabiduría debe comenzar alimentándose de lo que se llama la "leche espiritual" (1 Pedro 2:2). En Hebreos 5:13 está escrito que aquellos que participan de la leche son niños en Cristo y que no son expertos en la palabra de justicia. Es decir, todavía no comprenden lo más profundo de Dios. El alimento sólido (v. 14) es para los creyentes fuertes y maduros. Por ejemplo, ¡un nuevo convertido en Cristo no debe intentar comprender las enseñanzas proféticas del libro de Apocalipsis! Debe comenzar con las doctrinas simples, pero profundas de la salvación, la santificación y el bautismo en el Espíritu Santo. La mayoría de los ministros sugieren que los niños en Cristo estudien primero el Evangelio de Juan. De igual manera, los nuevos convertidos necesitan saber acerca del bautismo en agua y de cómo vivir y caminar por fe. Una vez que se han establecido los fundamentos de la fe, el creyente puede aprender las verdades más profundas de las Escrituras. El escritor de Hebreos dice:

Pero el alimento sólido [la carne] es para los que han alcanzado madurez, para los que por el uso tienen los sentidos ejercitados en el discernimiento del bien y el mal.

—Hebreos 5:14

Mientras los creyentes lean, estudien y se alimenten de la Palabra de Dios, su hambre y sed espiritual serán satisfechas. La Palabra de Dios es "viva y eficaz" (Hebreos 4:12). Estas dos palabras significan "rápida y poderosa". Yo he estudiado e investigado la Biblia durante más de cinco mil horas y he leído miles de libros; a menudo se dice que la gente necesita una sustancia para colocarse, ¡pero yo me *coloco* por medio de la revelación de la Palabra de Dios que no conocía antes! Las respuestas a cómo creer, cómo orar, cómo tratar a los demás y cómo dar y ser una bendición se encuentran en la Biblia. El nuevo pacto está establecido sobre promesas y usted puede tener una vida victoriosa al plantar la semilla de la Palabra en su interior y permitirle madurar y dar fruto de justicia.

No obstante, muchos creyentes nunca han aprendido a escuchar esa pequeña voz en su interior y a seguir aquellos repentinos impulsos internos. El Espíritu Santo nos dirige y nos guía dentro de nuestro espíritu. Debido a que los creyentes pueden batallar para comprender y escuchar al Señor, pueden engancharse fácilmente con alguien que supuestamente dé *profecías personales*. Una profecía personal a menudo la da alguien quien se ha etiquetado a sí mismo como *profeta*.

Yo soy la cuarta generación de ministros de mi familia y tengo una herencia sólida en la verdad de la Palabra, y he visto todo tipo de *frutos y semillas* espirituales que han surgido del jardín cristiano. He escuchado a personas engañadas que aseguran ser Elías o uno de los dos testigos de Apocalipsis 11. He leído cartas de profetas autoproclamados quienes que me han dicho que si no les envío dinero quedaré bajo una maldición. He escuchado a impostores que manipulan a las masas o que utilizan sus supuestos dones proféticos para obtener ingresos con el fin de su saciar su avaricia. Un autonombrado profeta vino a *predicar* a una iglesia de Georgia, asegurando tener el don de una unción especial para aumentar sus bendiciones bajo una condición: dar una ofrenda a su ministerio. La única *trampa* era que la longitud y tipo de oración para la que él estaba *ungido* se basaba en la cantidad de dinero que la gente le diera como ofrenda. El hombre organizaba dos filas diferentes: la fila de $50, $500 y $1000 dólares y la fila de $5000 dólares. Aquellos que daban $50 dólares solamente recibían una palmada en la cabeza y un "Dios te bendiga". Los que ofrendaban $5000 obtenían una profecía mayor con más *beneficios* garantizados por su obediencia. La mujer que dio $5000 dólares recibió una *palabra* extensa, una oración extensa, la dirección personal del autoproclamado profeta y su número de teléfono privado.

Lo triste es que los cristianos que escogieron este ministerio sinvergüenza creían que tenía alguna línea de acceso directo al cielo que podía traer el favor especial de Dios. Por alguna razón, muchos de estos autoproclamados profetas conectan su capacidad de bendecirlo con la cantidad de dinero que sale de usted. ¿Puede imaginarse la reacción del apóstol Pedro en la actualidad si fuera un falso profeta cuando Simón el hechicero de Samaria se le acercó y le dijo: "Te doy dinero si me das el don de poner mis manos sobre la gente para recibir al Espíritu Santo"? (consulte Hechos 8:18–19). Algunos de los famosos "profetas" de la actualidad tomarían a Simón, lo llevarían a la plataforma y gritarían: "¡Amigos, Dios se está moviendo! Este hombre es un hechicero, pero ha sentido plantar una gran semilla en el ministerio. Ustedes saben que Dios puede bendecir a un hombre incluso si este no es justo todo el tiempo, ¡así que dirijan sus manos hacia acá y bendigámoslo!".

Sin embargo, Pedro era un profeta verdadero y en lugar de tomar el dinero del mago, Pedro reprendió a Simón y dijo:

"Tu dinero perezca contigo, porque has pensado que el don de Dios se obtiene con dinero" (Hechos 8:20). Pedro discernió que el mago estaba "en hiel de amargura y en prisión de maldad" (v. 23).

Aunque algunos no estén de acuerdo con lo que voy a decir, en cuanto al área de la profecía personal, no puedo encontrar en las Escrituras un versículo donde un apóstol o profeta tuviera un ministerio en el que le diera una *palabra del Señor* continuamente a la gente. Algunas veces recibían una palabra de sabiduría o de conocimiento (1 Corintios 12:7–10), pero ninguno de los creyentes se formaba en una larga fila para *recibir una palabra*; al contrario, se sentaban a escuchar la Palabra de Dios y entonces permitían que el Espíritu Santo confirmara la palabra a través de señales, prodigios y los repartimientos del Espíritu Santo (Hebreos 2:4). Una vez tuve una empleada que decía constantemente: "El Señor me dijo esto y me dijo aquello". ¡El problema surgió cuando poco de lo que decía llego a cumplirse! Yo le decía a mi esposa: "Esta chica parece recibir más palabras de Dios que los profetas de la Biblia".

La mayoría de las palabras proféticas personales del Nuevo Testamento fueron palabras de *advertencia*, no *bendiciones o garantías de prosperidad* (consulte Hechos 11:28; 21:10–11). De hecho, en el libro de los Hechos, los discípulos de Jerusalén vendían sus propiedades y dividían el dinero entre otros creyentes. La razón principal era que Cristo ya había predicho que Jerusalén sería destruida en una generación. Si la ciudad estaba condenada, entonces, ¿para qué seguir viviendo ahí? ¡Estos seguidores de Cristo *vendieron en momentos en los que todavía pudieron obtener un buen precio*! El mensaje que escucharon no fue: "Sí, te sacaré y prosperaré tu negocio con mucho dinero para el reino". Sino fue: "No quedará aquí piedra sobre piedra; cuando viereis a Jerusalén rodeada de ejércitos, [...] huyan a los montes; el que esté en la azotea, no descienda para tomar algo de su casa" (Mateo 24:2; Lucas

21:20–21; Mateo 24:17). Un profeta verdadero no solamente se guardaba de anunciar una bendición de prosperidad sobre el no santificado, sino que reprendía al impío y al creyente que vivía en contra de la Palabra de Dios.

Yo veo este tema de la misma manera que lo veía el gran ministro llamado Lester Sumrall. Una vez lo escuché enseñar y decir que él creía que si alguien oraba y vivía cerca del Señor de la manera correcta bajo el nuevo pacto, ¡el Señor le hablaría directamente y la persona no necesitaría que un tercero le llevara el recado! Cualquier *palabra* de un tercero solamente confirmaría lo que ya estaba en su corazón. Esta es la razón por la que se necesita que cualquiera que dé una profecía sea juzgado por otros (1 Corintios 14:29). Algunos creyentes me dicen: "Pero Pablo habló acerca del don de profecía y dijo que todos podíamos profetizar". Debemos comprender que la palabra *profetizar* no significa solamente revelar el futuro. Pablo dijo que "podéis profetizar todos [...] para que todos aprendan, y todos sean exhortados" (v. 31). Una *palabra profética* en la iglesia proviene de una persona que habla bajo inspiración divina para edificar, exhortar y consolar a los creyentes a través de la revelación de la Palabra y del Espíritu (v. 3). Una palabra profética puede contener la advertencia de un peligro próximo.

A medida que los creyentes maduren en la Palabra y en su caminar espiritual descubrirán que Dios comienza a guiarlos directamente en su interior. Entonces el Todopoderoso les dará palabras de sabiduría y de conocimiento, y finalmente permitirá que tengan una revelación a través de sueños y visiones. Sin embargo, usted debe ejercitar el discernimiento cuando alguna persona comience a relatar un sueño en el que *usted* participaba. Debe conocer la vida espiritual de la persona, su integridad en la Palabra y si sus sueños pasados han tenido significados reales y si se han cumplido. De otra manera, algunos pueden llegar a manipular los planes o decisiones de una persona, ya sea por ignorancia o a propósito, a través de un sueño malinterpretado.

A finales de la década de 1980 yo estaba organizando un viaje a Israel con más de doscientos cincuenta creyentes. Una mujer que no iba al viaje estaba lavando platos y de pronto se le cayó un vaso y se rompió. Ella dijo que en ese instante tuvo una visión en su mente y escuchó una voz que le dijo: "¡Los que vayan a Israel regresarán quebrados como esta copa!". Inmediatamente llamó a sus amigos y los animó a cancelar el viaje, porque de lo contrario regresarían quebrados o lastimados. La gente que planeaba hacer el viaje comenzó a llamarme preocupada por su seguridad.

Fue entonces que les compartí que años antes el Señor me había dado una palabra sólida de fe acerca de las veces que viajaría a la Tierra Santa, diciendo: "Jehová tu Dios estará contigo dondequiera que vayas" (Josué 1:9). Desde que recibí la palabra en 1986, nunca he dudado en hacer el viaje cada año.

Esa vez, algunos viajeros temerosos cancelaron y otros fueron. Regresamos y nadie salió lastimado. La mujer malinterpretó por completo lo que *sintió*.

A menudo cuando una persona *falla en su predicción* intenta cubrir su error. Esto lo vivió un hombre que escribió un libro titulado *88 razones por las que el rapto sucederá en 1988*. El libro tuvo una gran popularidad y millones de cristianos esperaban el día señalado en septiembre para saber si en efecto el día y la hora habían llegado. Cuando la fecha pasó, el autor escribió un libro nuevo, declarando que había pasado por alto el hecho de que no existe el año cero entre el 1 a.C. y el 1 d.C. Entonces, sugirió que el cálculo estaba equivocado por un año. La nueva fecha era en otoño de 1989. Después de la fecha pasó nunca se volvió a escuchar de esta persona.

Los falsos profetas del Antiguo Testamento no tenían la capacidad para "leer los tiempos" de la misma manera que los profetas verdaderos. Una tribu de Israel recibió el don de *saber* hacia donde *se dirigían* las cosas.

> De los hijos de Isacar [...] entendidos en los tiempos, y que sabían lo que Israel debía hacer [...].
>
> —1 Crónicas 12:32

"ME CASARÉ CON PERRY"

Hace muchos años predicaba en una reunión de avivamiento de tres semanas en Montgomery, Alabama. En ese tiempo era un predicador soltero de veintidós años que estaba comprometido para casarme el siguiente viernes una vez finalizara la reunión de avivamiento. La mañana después que anuncié que me iría de Montgomery para casarme en Northport recibí una llamada de una mujer de la iglesia. Ella decía que había soñado que yo me había salido de la voluntad de Dios y que no debía casarme en ese momento. La mujer era muy firme, decía que había escuchado mucho del Señor y que yo debía atender la advertencia. El *conflicto* entre las *revelaciones discordantes* fue el siguiente. Esta mujer decía escuchar al Señor, sin embargo, el Espíritu Santo me había hablado durante una reunión de avivamiento de cuatro semanas, tres años antes en la misma iglesia de Northport, Alabama diciéndome que me casaría con una hermosa chica llamada Pam Taylor. Habíamos *salido* por teléfono durante más de dos años y medio. Yo estaba seguro de estar bajo la voluntad de Dios y sentía una perfecta paz (lo cual descubrí ser la clave de saber que se está bajo la voluntad de Dios). Más tarde supe que la mujer quien llamó tenía una hija adolescente que *se enamoró* de mí durante la reunión. Esta mujer obviamente estaba hablando desde su propio espíritu, ¡ya que he estado casado durante más de treinta años!

El punto es que cuando un tercero le trae advertencias, usted debe "reconocer a los que trabajan entre vosotros, y os presiden en el Señor, y os amonestan" (1 Tesalonisenses 5:12) con el fin de determinar el nivel de confianza que usted puede tener en sus palabras. Tal como la Biblia enseña: "No impongas con ligereza las manos a ninguno" (1 Timoteo 5:22), debemos ejercitar la prudencia al recibir una *palabra personal*. Es posible que el Señor use a otra persona para advertirle algo o alentarlo, ya que es una manera en la que el Cuerpo de Cristo puede "sobrellevar los unos las cargas de los otros" (Gálatas 6:2). Sin embargo, la *palabra* debe ser juzgada. Conozco a un hombre que asegura tener un importante *don profético* y continuamente da profecías que llama *una palabra del Señor*. Su reputación está en duda, debido a su nivel de *exactitud*, ya que más de 50 por ciento de las veces, no sucede lo que predice (a menudo da fecha y hora para los eventos). No sé usted, pero este no es el tipo de persona que deseo que me dé una *palabra*, porque, ¿cómo sabría si fue del Señor o si solamente hablaba por su propio intelecto?

Me recuerda la historia de un ministro que llamó a una mujer de la audiencia y le anunció: "Dios dice que has sido llamada a ir a China". Ella comenzó a llorar. El ministro llamó a un hombre y le dijo: "El Señor dice que has sido llamado a ser misionero en la India". Comenzó a llorar y tomó a la mujer y ambos lloraron juntos. El ministro dijo: "¿Se conocen?". La mujer dijo: "¡Sí, estamos casados!". En un intento por salir del dilema, el ministro gritó: "¡Ahora lo veo, ambos están llamados a ir a Indochina!". Por supuesto, el hombre no tenía idea de lo que estaba diciendo, pero la pareja vivió con temor de estar fuera de la voluntad de Dios.

Uno de mis compañeros de ministerio que posee un exitoso negocio personal, me llamó preocupado y me dijo: "Un hombre vino a la iglesia y dijo que era profeta. Me llamó y me dijo que debía prepararme para viajar al extranjero de tiempo completo compartiendo y cantando el evangelio. En primer lugar, yo no canto. En segundo lugar, no me siento llamado a ello, ¡pero estoy completamente confundido!". Le respondí: "Dios no es Dios de confusión" (1 Corintios 14:33) y si usted no da testimonio de la palabra profética que él le dio, entonces no le ponga atención, ya que esta debe ser juzgada antes de recibirla (1 Corintios 14:29). ¡Usted es un hombre de oración y puede escuchar a Dios usted mismo!". Esta es una razón por la que debemos "reconocer a los que trabajan entre vosotros" (1 Tesalonisenses 5:12).

El Señor le ordenó a Moisés: "Cuando se levante en medio de ti profeta, o soñador de sueños, y te anunciare señal o prodigios, y si se cumpliere la señal o prodigio que él te anunció, diciendo: Vamos en pos de dioses ajenos, que no conociste […] no darás oído a las palabras de tal profeta, ni al tal soñador de sueños" (Deuteronomio 13:1–3). Esa persona es un falso profeta.

ES NECESARIO JUZGAR EL SUEÑO

Parece extraño que debamos *juzgar* un sueño o visión, pero debemos hacerlo, ya que hay sueños que vienen de la carne, sueños que vienen del Espíritu de Dios y dardos mentales de fuego (Efesios 6:16) que pueden crear un sueño por la presencia de un espíritu impuro, que le puede disparar una flecha a la mente del creyente cuando duerme. ¿Cómo juzgamos un sueño?

Júzguelo de acuerdo con la Palabra de Dios

Como lo hemos dicho y seguiremos diciendo en este libro, existen métodos establecidos que podemos utilizar para determinar si un sueño viene del Señor. La confirmación mayor viene directamente de la Palabra de Dios. Si un sueño ordena o insinúa que usted debe actuar, hablar o vivir de una manera contraria a la Palabra de Dios, entonces no viene del Señor. Un hombre casado dijo tener un sueño en el que debía dejar a su esposa y casarse con otra mujer de la iglesia quien también estaba casada, rompiendo así dos matrimonios para *cumplir el propósito de Dios.* Este es un sueño seductor y definitivamente no viene del Señor. De acuerdo con Efesios 5:25, los esposos deben amar a sus esposas como Cristo amó a la Iglesia y un "obispo debe ser marido de una sola mujer" (1 Timoteo 3:2). Si no es lo correcto, no pasará la prueba de la "lámpara" (Salmos 119:105).

Júzguelo por la reputación del soñador

La Biblia es clara, ocasionalmente aparecen falsos maestros y falsos profetas. El apóstol Juan escribió que había una mujer identificada como Jezabel "que se dice profetiza" y que seducía sexualmente a los hombres de la iglesia (Apocalipsis 2:20). Ella tenía una reputación de profetisa en la Tierra, pero en el cielo era una seductora. Necesitamos comenzar a ver a la gente como la *ve el cielo*, no como los demás la *perciben*. He escuchado de creyentes que amaban de verdad a Dios, pero que seguían ministerios cuyos líderes en su vida privada eran moralmente repugnantes, que golpeaban a su pareja, decían malas palabras, dormían con varias mujeres, se emborrachan y que aún así intentaban revelar los misterios de Dios en palabras proféticas. La reputación de un ministro y la credibilidad de lo que ha hablado "en el nombre del Señor", siempre debe ser puesta en tela de juicio antes de que usted acepte la supuesta palabra que el Señor le envía a través de una persona.

Debo presumir un momento acerca de mi precioso padre quien es una persona muy humilde. Difícilmente puede hablar del Señor sin llorar y cuando cuenta las viejas historias, se quebranta y llora. No puedo contar las veces que mi papá ha tenido un sueño o visión de advertencia y que han llegado a cumplirse con lujo de detalle. De hecho, no puedo recordar una vez en que se le haya advertido algo y que el sueño o la visión no hayan sucedido. Esta es la prueba de una persona que verdaderamente se mueve en lo profético y que es sensible al Espíritu Santo.

Una de las historias más extrañas sucedió hace años cuando estábamos orando juntos en una casa. Mi papá comenzó a "orar en el espíritu" (1 Corintios 14:15) y pronto tuvo una visión mental. Dijo: "El Señor me dijo que viene una gran oscuridad al Líbano. También dijo que habría confusión entre el grupo de Yasser Arafat y los Hamas". En cuestión de meses, Líbano comenzó a agitarse y finalmente Israel tuvo una gran guerra en el verano con Hezbolá en el Líbano. Yo me asombré cuando la OLP (Organización para la Liberación de Palestina) y Hamas en Gaza comenzaron a matarse entre sí en la lucha por el poder. Mi papá utilizó la palabra *Hezbos* y dijo que el Señor finalmente juzgaría a los "Hezbos".

Le dije: "Papá, es Hezbolá".

Él me dijo: "Escuché la palabra *Hezbos*".

Decidí buscar en la Internet esta palabra. ¡En realidad era una abreviación peyorativa para Hezbolá en el Líbano! ¡El Señor utilizaba un término despectivo para este grupo terrorista! La palabra *Hezbos* es el plural de *Hezbo*, que a menudo es la abreviación de Hezbolá. Algunas veces se utiliza el nombre *Hezbos* con una connotación negativa o incluso de manera despectiva cuando se habla de Hezbolá, la famosa red terrorista con base en el Líbano. Qué raro que mi papá haya escuchado el nombre *Hezbos*, lo cual me indicó que el Espíritu Santo se estaba burlando de ese grupo.

Pablo enseñó que debemos juzgar las palabras proféticas (1 Corintios 14:29), y sin embargo, Cristo enseñó en Mateo 7:1: "No juzguéis, para que no seáis juzgados". ¿Es una contradicción? Pablo les ordenó a los creyentes que no aceptarán cualquier palabra como del Señor, sino que la examinaran como grupo para asegurarse de que todos en el grupo que juzgara la palabra tuvieran testimonio en su espíritu de la exactitud de tal declaración. La advertencia que dio Cristo acerca de no juzgar, se refiere al juicio contra la vida o espiritualidad de otra persona, que era un error común entre los fariseos, quienes criticaban a los demás por los mismos pecados que ellos mismos cometían e intentaban esconder.

Entre más se acerca el Cuerpo de Cristo hacia el final, la capacidad de discernir se vuelve más importante, ya que no solamente habrá falsos profetas con falsas palabras, ¡sino que también se levantará un nuevo nivel de maldad espiritual que provocará un conflicto espiritual como el que hubo entre Elías y los falsos profetas de Baal!

Capítulo 6

LAS VOCES DE LOS PSÍQUICOS CONTRA LAS VISIONES PROFÉTICAS

No os volváis a los encantadores ni a los adivinos; no los consultéis, contaminándoos con ellos. Yo Jehová vuestro Dios.

« Levítico 19:31 »

Cuando los imperios están bajo presión espiritual y económica, y las naciones coquetean con la iniquidad, mientras están a punto de caer en un abismo llamado *juicio*, siempre viene un choque entre dos reinos: el reino de Dios y el reino de Satanás. Va más allá de una lucha entre partidos políticos llamados conservadores y liberales, o divisiones causadas por dos visiones morales opuestas. Este choque involucra mensajeros angelicales y seres demoníacos asignados en ambos campos para conspirar y planear contra el lado opuesto (consulte Daniel 10). Vemos esta batalla cuando los magos egipcios, Janes y Jambres resistieron a Moisés y reprodujeron el milagro de Moisés al convertir las varas en serpientes (Éxodo 7:11–12; 2 Timoteo 3:8). Siglos después, Elías comenzó a predicar en el monte Carmelo cuando los 850 falsos profetas no pudieron orar para hacer caer el fuego en el nombre del dios del clima, Baal (1 Reyes 18). Estos "profetas de Baal" eran hombres motivados por la autoindulgencia, ya que habían comido libremente en la mesa de la reina Jezabel y estaban más preocupados por tener la panza llena que por tener la plenitud de Dios durante la crisis.

La mayoría de las personas que no son creyentes ven las manifestaciones espirituales de manera diferente a un seguidor de Jesús. Un no creyente que escucha que un discípulo ha sido sanado por la oración llamará *sanidad por fe* al proceso y equiparará los resultados con algún gurú que vive en una choza en una tierra lejana quien dice que sus seguidores creyeron y vieron resultados milagrosos. Cuando un americano no creyente, sin trasfondo bíblico, escucha a un ministro del evangelio revelar una palabra de sabiduría o de conocimiento detallada que llega a cumplirse, el no creyente clasifica al ministro como *un psíquico más*. Una vez, mientras ministraba, un hombre que no confiaba en las manifestaciones espirituales dijo: "Entonces, ¿cuál es la diferencia entre un psíquico que le dice a alguien información correcta acerca de su vida y un predicador que le dice a alguien los planes futuros de Dios?".

Le respondí: "La diferencia es que el supuesto psíquico te dirá lo que está en tu mente, ¡pero el hombre de Dios te dirá lo que está en la mente de Dios!".

Hace años surgió una moda demasiado cara para quienes quedaron atrapados en sus redes. Había supuestas líneas telefónicas psíquicas que conectaban a cualquier persona en los Estados Unidos con autoproclamados psíquicos con el don de revelar sus más íntimos secretos y predecir su futuro. La única condición era que usted tenía que pagar entre $3.96 y $4.95 dólares por minuto con cargo a su tarjeta de crédito para poder hablar con alguno de estos adivinos *profesionales*. Hubo personas que se gastaron hasta $30,000 dólares en su tarjeta de crédito después de engancharse con su psíquico personal. Una mujer dijo: "Fue increíble. El psíquico sabía que yo estaba pasando por algunos problemas emocionales y que estaba batallando con relaciones y dificultades familiares". ¡Esta pobre alma engañada pagaba casi cinco dólares por minuto para que una voz desconocida le dijera *lo que ya sabía!* No se necesita ser un supuesto psíquico para decirle: "Veo que tiene algunas dificultades, hay relaciones rotas en su pasado", cuando cerca del 99.99 por cuento de la población atraviesa por dificultades y ha tenido relaciones rotas.

Estas redes finalmente salieron del mercado. Una en particular debía más de veinte millones de dólares en publicidad y finalmente quebró.[1] Yo me hubiera molestado con mi *equipo de síquicos* si esa fuera mi línea telefónica psíquica. Con su capacidad para predecir lo que se acercaba, por qué no al menos uno de ellos pudo ver el futuro y decir: "Veo que en el futuro quebraremos, ¡salgamos de las deudas!". Esto es tan ridículo como una historia que escuché a mediados de la década de 1990 mientras predicaba en Modesto, California, acerca de una autoproclamada psíquica que demandó a un hospital por millones de dólares, alegando que el hospital le había hecho una resonancia magnética y que había perdido la capacidad de ver el futuro.[2] Si yo hubiera sido el abogado del hospital, en el juicio le hubiera preguntado a la psíquica: "¿Entonces puede probar que era capaz de revelar el futuro antes de la resonancia?". Si su respuesta fuera afirmativa, entonces le preguntaría: "Si era una verdadera reveladora del futuro, por qué no pudo saber que perdería su poder después de la resonancia?". ¡Caso cerrado!

La mayoría de estas líneas psíquicas estaban llenas de operadores u operadoras que aseguraban tener dones que no poseían y leían guiones mientras intentaban mantener al cliente en la línea para cobrar la mayor cantidad posible de dinero. Sin embargo, aunque la mayoría de estos psíquicos telefónicos podía ser arrestado por usurpación de personalidad, existen algunas personas que al parecer tienen cierto tipo de capacidad para *leer la mente de una persona* o revelar información detallada que normalmente no se conoce.

EL AUGE DE LOS ESPÍRITUS FAMILIARES

En los comienzos de las naciones y de los imperios, y en la etapa temprana de la nación de Israel era común que los reyes consultaran a personas acerca del futuro. Entre ellos había astrólogos quienes aseguraban interpretar la posición de las estrellas, incluyendo los eclipses solares y lunares, meteoritos y cometas. La historia antigua está llena de relatos de líderes supersticiosos que acudían a la creación en lugar de al Creador. El Faraón tenía magos en su corte. Nabucodonosor tenía un equipo de astrólogos, magos y adivinos. Estos reyes creían que los adivinos podían interpretar sueños, presagios y señales del cielo.

Algunas veces un psíquico, adivino o *lector de la mente* en realidad operaba (y opera en la actualidad) por medio de lo que las Escrituras llaman "espíritus familiares". En los días de Saúl, el rebelde rey había contristado al Espíritu Santo y

Dios se negó a responder las peticiones de oración de Saúl. El rey, desesperado, buscó a una bruja que operaba a través de un espíritu familiar (1 Samuel 28:7). La bruja condujo lo que podríamos llamar una *sesión de espiritismo*, intentando invocar el espíritu de un hombre recto, Samuel, desde el abismo. Un espíritu con aspecto de hombre anciano que venía del inframundo se le apareció de pronto a la bruja, y Saúl *asumió* que era Samuel (1 Samuel 28:7–14). Existen desacuerdos entre los teólogos con respecto a si este era literalmente el espíritu de Samuel o un espíritu familiar que imitaba a Samuel. La mayoría cree que la bruja vio la aparición de un espíritu familiar y el rey no, pero él rey "entendió que era Samuel" (v. 14).

La razón para sugerir que ese era un espíritu familiar era que Dios se había negado a responderle a Samuel a través de métodos bíblicos conocidos, tales como sueños, palabras proféticas o por Urim (v. 6).

La ley de Dios prohibía tener contacto con brujas:

> No sea hallado en ti quien haga pasar a su hijo o a su hija por el fuego, ni quien practique adivinación, ni agorero, ni sortílego, ni hechicero.
>
> —DEUTERONOMIO 18:10

El supuesto contacto con la muerte se llama *nigromancia*. Se practicaba entre las naciones e imperios paganos de la antigüedad, pero estaba prohibida por el Señor en la ley:

> No os volváis a los encantadores ni a los adivinos; no los consultéis, contaminándoos con ellos. Yo Jehová vuestro Dios.
>
> —LEVÍTICO 19:31

> No sea hallado en ti quien haga pasar a su hijo o a su hija por fuego, ni quien practique adivinación, ni agorero,

> ni sortílego, ni hechicero, ni encantador, ni adivino, ni quien consulte a los muertos.
>
> —DEUTERONOMIO 18:10–11

La frase *quien consulte a los muertos* indica la práctica de consultar a los muertos para predecir el futuro. Las tribus paganas adoraban mucho a los muertos, como lo indican las advertencias de Dios al pueblo hebreo. El Todopoderoso le dijo a sus escogidos: "No haréis rasguños en vuestro cuerpo por un muerto" (Levítico 19:28), y: "Ni os raparéis a causa de muerto" (Deuteronomio 14:1).

La idea falsa que los antiguos tenían era que una vez que partía el espíritu de una persona y su cuerpo entraba en la siguiente vida, esa persona obtenía conocimiento de lo que se hablaba en el reino espiritual que no se conocía entre los vivos en la Tierra. De esa manera, el espíritu del difunto era invocado y utilizando la voz de un *médium*, el espíritu hablaba a través del médium y revelaba el futuro. Así los reyes trataban de saber si ganarían o perderían una guerra (esta era la respuesta que buscaba Saúl). La verdad bíblica es que una vez que ha partido el espíritu de una persona al morir, el espíritu del justo entra en el tercer cielo a un lugar llamado el *paraíso*, en donde espera la resurrección de los justos (2 Corintios 12:1–4). Si el alma y el espíritu son de un impío o de un malvado, al abandonar el cuerpo, son llevados a una cámara permanente debajo de la tierra, donde están separados de Dios, pero serán levantados para ser juzgados en el cielo delante del gran trono blanco (Apocalipsis 20:11–14). (Consulte mi libro *Secretos de ultratumba* para conocer más acerca de la vida después de la muerte).

¿Cómo era posible que una bruja o maga adivinara una información tan exacta y sin embargo, desconocida para la bruja o adivina? Algunos sugieren que es un don psíquico. Sin embargo, la respuesta es que se logra por un *espíritu familiar*. Aquellos en el mundo de las tinieblas creen equivocadamente que un espíritu familiar es el espíritu del ser querido difunto que trae información del más allá a sus amigos y familiares vivos. No obstante, este supuesto contacto con el espíritu está prohibido de acuerdo con las Escrituras (Levítico 19:31; 20:6, 27). En las Escrituras, la palabra hebrea para *familiar* es *owb* y se utiliza para describir un sonido vacío, tal como el sonido que se produce cuando una persona sopla una bota (la piel de un animal cosida para contener agua). Lo mismo sucede cuando un ventrílocuo *lanza su voz*, creando la ilusión de que el títere en su regazo está hablando. Esta es la misma manera en que una persona (llamada médium) canaliza un espíritu familiar. Cuando la presencia demoníaca entra en un cuarto, el médium, algunas veces llamado *canalizador* abre su boca para hablar y en lugar de escuchar la voz normal de la persona, el sonido cambia a una voz masculina o femenina. Esto se debe a que el espíritu familiar está "poseyendo" o tomando control del cuerpo físico para comunicar el mensaje.

La razón por la que un espíritu *familiar* se llama así es porque está familiarizado con la región en la que opera, así como con la gente y las circunstancias que han existido en la región durante siglos. Debemos recordar que tanto los ángeles como los demonios han existido desde antes de la humanidad. En Apocalipsis leemos que el arcángel Miguel lucha contra Satanás y expulsa al acusador del segundo cielo a la tierra durante la tribulación final (Apocalipsis 12:7-9). Sin embargo, también podemos leer que el mismo ángel, Miguel, luchó contra Satanás en el pasado por el cuerpo de Moisés después de la muerte del profeta (Judas 9). Los mismos ángeles pelearon las dos batallas con tres mil quinientos años de distancia. El ángel Gabriel le llevó conocimiento celestial a Daniel y cientos de años más tarde se le apareció a Zacarías y a María (Daniel 9:21; Lucas 1:19-35).

Debido a que los ángeles y los demonios son espíritus y los espíritus nunca envejecen y existen de generación en generación, ellos están familiarizados con la ubicación, la gente y las circunstancias en la región donde han habitado y donde han tenido dominio durante siglos. Esta puede ser la razón por la que Cristo les ordenó a los espíritus malignos que salieran del hombre poseído de Marcos 5, los espíritus le pedían a Cristo que no los enviara fuera de la región (la región en la que estaban, Marcos 5:10) y que no los enviara en ese momento al "abismo" o a la fosa sin fondo en griego (Lucas 8:31). Estos espíritus malignos sabían que Cristo era el hijo de Dios (Mateo 3:17). Esto se supo desde el momento de su concepción (Lucas 1:31–35) hasta el tiempo de su presentación en el templo (Lucas 2:22–38), y durante la tentación de cuarenta días antes de su ministerio público (Lucas 4:1–14). La primera profecía en la Biblia la dio Dios mismo después de que Adán y Eva pecaron en el jardín del Edén. Dios predijo: "Y pondré enemistad entre ti y la mujer, y entre tu simiente y la simiente suya; esta te herirá en la cabeza" (Génesis 3:15). Por lo tanto, ¡los demonios supieron desde el principio quién era Jesús!

Cuando el espíritu que gobernaba al hombre poseído le pidió a Cristo que no lo enviara al abismo (la fosa), ¿cómo supieron estos espíritus que ese sería el sitio de su confinamiento final? Después de todo, sería más de sesenta años después cuando el apóstol Juan finalmente vería y registraría el obituario de Satanás y sus ángeles al ser echados al abismo (la versión King James en inglés dice "la fosa sin fondo", Apocalipsis 20:1). Isaías, un profeta del Antiguo Testamento profetizó que Lucifer sería "derribado hasta el Seol, a los lados del abismo" (Isaías 14:15). Sabemos a partir de la tentación de Cristo, que Satanás está familiarizado con la Biblia, ya que citó un pasaje en presencia de Cristo que se encuentra en Salmos 91:10–12. El enemigo también sabe que al haber sido echado del cielo finalmente, tiene "poco tiempo" (Apocalipsis 12:12).

Esta información reafirma mi punto: los espíritus familiares conocen la información del pasado y pueden relacionarse con ella a través de la voz de una persona que se abre a ser controlada o poseída por este tipo de espíritus. En el movimiento llamado la Nueva Era, las personas se conectan con los espíritus *canalizándolos* en sus cuerpos. Algunos dicen que estos son *maestros ascendidos* del pasado cuyos espíritus vagan por el cosmos y traen revelaciones sobrenaturales o divinas acerca de los misterios cósmicos relacionados con la vida. He leído algunas historias de personas que afirman que los indios antiguos les han dado revelaciones del pasado y más tarde se ha probado a través de investigación histórica que la información revelada era exacta. Esto prueba *supuestamente* que estos son espíritus de seres de la antigüedad. En realidad, esto no *comprueba* tal cosa cuando uno comprende la operación de los espíritus familiares.

Sin embargo, estas investigaciones prueban que el mundo espiritual es real. Estas manifestaciones no son los espíritus de los difuntos, sino entidades demoníacas que han existido desde la caída de Satanás. Cualquier *información del pasado* le puede ser revelada a un médium que canaliza a un espíritu maligno. El engaño se da, por ejemplo, cuando un familiar que ha perdido a un ser amado consulta a un médium que asegura poder establecer contacto con el alma fallecida de ese ser amado. Una vez que comienza el proceso, el espíritu comienza a hablar acerca de un evento en la vida de la persona o nombra con exactitud a varios familiares. El familiar se llena de gozo al saber que puede tener contacto con el ser amado. Incluso algunas veces se le ordena al familiar hacer cosas que agradan o dan paz a ese *espíritu*.

Un psíquico famoso transmitió un programa popular de televisión durante varios años, durante el cual aseguraba establecer contacto con los muertos. Algunas veces yo veía cómo manipulaba una pregunta para obtener cierta respuesta o lanzaba preguntas al azar hasta obtener una historia que la familia aceptara como un mensaje del otro mundo.

En la Biblia leemos que Moisés (quien ya había muerto) y Elías (quien fue traspuesto) se le aparecieron a Cristo (Mateo 17:1-4).

Este es un ejemplo excepcional y se dio bajo la supervisión de Dios mismo. Cristo no invocó a estos hombres, sino que Dios los envió para revelarle información a Cristo. Sin embargo, al ley de Dios en las Escrituras prohíbe completamente la utilización de médiums adivinos, o cualquier tipo de brujería.

La brujería no es un juego y es un puente muy peligroso sobre aguas de tinieblas que un creyente nunca debe cruzar. Un creyente debe confiar en métodos bíblicos para recibir revelación, dirección espiritual y el camino para el futuro.

Podemos estar seguros de que Cristo regresará (1 Tesalonicenses 4:16–17). Los justos que han muerto serán resucitados (1 Corintios 15:32). El cielo existe verdaderamente y veremos la Nueva Jerusalén (Apocalipsis 22). Y reinaremos con Cristo durante mil años si somos fieles (Apocalipsis 20:1–4).

Aquellas áreas en las que nuestra oración necesita una respuesta, debemos confiar en las promesas de la Palabra de Dios y comprender que Él mismo puede revelársenos, primeramente a través de las Escrituras, algunas veces mediante de los dones de su Espíritu Santo (1 Corintios 12:7–10) o por medio de un sueño o visión.

LA PROFECÍA *VERDADERA*

Cambiemos nuestra atención de lo falso hacia lo real. Es importante que los creyentes comprendan que Dios les revela la verdad a sus hijos. Pablo escribió en 1 Corintios 14 que los creyentes pueden hablar por "revelación" (vv. 6, 26). Esta es la palabra griega *apokalupsis* y se refiere a algo escondido que se muestra y se hace conocer. Antes del sufrimiento de Cristo, su resurrección y ascensión, Él animó a los discípulos al predecir que cuando Él se separara de ellos, les enviaría "otro Consolador"; al Espíritu Santo (Juan 14:16; 16:7). El Espíritu Santo "os enseñará todas las cosas, y os recordará todo lo que yo os he dicho" (Juan 14:26); y nos "hará saber todas las cosas que han de venir"

(Juan 16:13). Resulta contradictorio que aunque las iglesias tradicionales creen que el Espíritu Santo es el Consolador y el Maestro que lo ayuda en su capacidad para recordar las Escrituras, y utilizan pasajes del Evangelio de Juan para probar su punto, algunas veces se omita la parte que dice "os hará saber las cosas que vendrán". Solamente se utiliza para manifestar que Él nos revela la interpretación correcta de la profecía bíblica. Todo ello es correcto, pero el Espíritu Santo también les proporciona a los creyentes advertencias y enseñanza a través de la dirección interna del Espíritu y al orar en el entendimiento o en el Espíritu (Romanos 8:26–28; 1 Corintios 14:14–15).

El libro de los Hechos se llama *Los Hechos de los Apóstoles*, sin embargo, ¡en realidad son los hechos del Espíritu Santo! Sin el poder del Espíritu Santo, ¡habría pocos hechos de los apóstoles! Los nueve dones mencionados en 1 Corintios 12, no son los *dones de los apóstoles,* sino los "dones del Espíritu Santo" y existirán hasta el regreso del Señor (1 Corintios 1:7). El Todopoderoso comenzó su historia al caminar con Adán en el jardín del Edén y no ha habido una vez en los cuatro mil años, desde Adán hasta Cristo, en que Dios no se revele a sí mismo o su verdad a la gente. La Biblia es la revelación final de Dios y no hay *verdades nuevas* fuera de la revelación de las Escrituras, pero nos da un entendimiento fresco de la verdad antigua. Cristo enseñó:

> Él les dijo: Por eso todo escriba docto en el reino de los cielos es semejante a un padre de familia, que saca de su tesoro cosas nuevas y cosas viejas.
>
> —Mateo 13:52

La revelación del Espíritu Santo muestra las cosas que están ocurriendo ahora o en el futuro. Algunas veces uno experimenta temporadas en las que no tiene clara la voluntad de Dios o cómo manejar una circunstancia difícil. Se puede recibir sabiduría por revelación a través del don de la palabra de sabiduría o de conocimiento (1 Corintios 12:8). Cuando un creyente necesita una palabra de ánimo o consuelo, se puede recibir una palabra de "edificación, exhortación y consolación"; algunas veces a través de una predicación, de una canción o de una persona (1 Corintios 14:3).

Los creyentes nunca deben buscar los métodos falsos de hombres que trabajan con espíritus familiares, sino deben buscar la Palabra de Dios y la obra del Espíritu Santo para obtener revelación de la voluntad y del propósito de Dios. A lo largo del Nuevo Testamento se dieron advertencias con antelación para preparar a los creyentes ante lo que se acercaba. Un profeta llamado Agabo le advirtió a la iglesia que se acercaba una grave sequía y que los santos debían prepararse para aliviar a aquellos en necesidad (Hechos 11:28–29). El mismo hombre reveló por el Espíritu Santo que si Pablo iba al templo en Jerusalén, sería arrestado y entregado en manos de los gentiles (Hechos 21:10–12). En otra ocasión, Pablo estaba siendo enviado por barco a Roma. Se le advirtió en su espíritu que si el barco salía del puerto tendría severas consecuencias (Hechos 27:9–10). Más tarde el barco fue golpeado por una tormenta y la vida de toda la tripulación estuvo en peligro. Después de catorce días sin sol ni estrellas, Pablo recibió una visión de un ángel que profetizó que el barco sería destrozado, pero la tripulación de 276 hombres sobreviviría al naufragio (vv. 22–24).

Toda la Biblia es un libro de revelación. La nación hebrea fue formada como resultado de visitaciones angélicas, sueños y visiones.

SUEÑOS ASOMBROSOS DE LA ANTIGÜEDAD

José, el hijo de Jacob fue vendido por sus hermanos a los ismaelitas y más tarde vendido a un egipcio como su esclavo personal. Al interpretar dos sueños de advertencia, José fue elevado por el Faraón como el segundo al mando sobre la tierra de Egipto. José finalmente se casó con la hija de un sacerdote egipcio llamada Asenat (Génesis 41:45). La Escritura dice que José tenía una copa de plata que utilizaba para "practicar adivinación" o para revelar el futuro (Génesis 44:2, 15). El Faraón le dio esa copa a José para la interpretación de su sueño. No existe registro alguno de haber sido utilizada o necesitada, ya que José era dirigido por el Espíritu de Dios.

Un creyente nunca debería consultar una fuente secular para obtener palabras de instrucción, ya que Dios solamente obra a través de su Palabra y del Espíritu Santo. Incluso los antiguos magos, adivinos y astrólogos de las historias bíblicas fueron incapaces de interpretar los sueños y las visiones de Faraón, Nabucodonosor y otros hombres (Génesis 41:8; Daniel 2:10). Solamente el Espíritu Santo puede interpretar las revelaciones del Padre celestial (Juan 6:13). Cuando Nabucodonosor tuvo el sueño preocupante de un ídolo metálico y no podía recordarlo, su propio mago le dijo: "No hay quien lo pueda declarar al rey, salvo los dioses cuya morada no es con la carne" (Daniel 2:11). Por lo tanto, Daniel, un hombre lleno del Espíritu Santo y de sabiduría tuvo que interpretar el sueño. ¡Lo mismo sucede en la actualidad!

En los días de Sesostris II (1906–1887 a.C.), el sacerdote de Heliópolis registró una visión que tuvo. Las palabras parecen ser una predicción:

> Él ve al gobernante ideal cuyo advenimiento añora [...]
> "Él trae enfriamiento a la llama. Se dice que es el pastor
> de todos los hombre. No hay maldad en su corazón
> [...] ¿En dónde está ahora? [...] He aquí su poder es
> invisible".[3]

Los hebreos eran pastores y los egipcios odiaban a los pastores (Génesis 46:34). Cuando José les pidió a sus hermanos ir con Faraón, él les ordenó que cuando el rey preguntara qué hacían, respondieran: "Hombres de ganadería han sido tus siervos desde nuestra juventud hasta ahora". En lugar de eso, los hermanos decidieron revelar que eran pastores. José pudo haber temido que el Faraón no permitiera que su familia viviera en Egipto, ya que el futuro líder profetizado era llamado "pastor".

Existía también una profecía antigua de un sueño acerca de un cordero que vencería a Egipto. El relato viene del comentario de Adam Clarke:

> Jonathan ben Uzziel nos proporciona una razón curiosa de la orden que el Faraón le dio a la mujer egipcia: "El Faraón durmió y en su sueño vio una balanza sobre la cual estaba toda la tierra de Egipto y un cordero del otro lado. El plato donde estaba el cordero pesaba más que aquel donde se encontraba la tierra de Egipto. Inmediatamente mandó a llamar a todos los magos y les relató su sueño. Y Janes [sic] y Jambres (consulte 2 Timoteo 3:8), los magos principales, abrieron su boca y le dijeron a Faraón: 'Pronto nacerá un niño en la congregación de los israelíes, cuya mano destruirá toda la tierra de Egipto'. Entonces, Faraón llamó a las parteras, etc.".[4]

El historiador judío Josefo escribió lo siguiente:

> Uno de los escribas sagrados [supuestamente Janes o Jambres en el Tárgum de Jonathan] quienes eran muy sagaces para predecir en verdad los eventos futuros, le dijo al rey que por este tiempo les nacería un niño a los israelitas, quien, de ser criado, hará descender el dominio egipcio y levantará a los israelitas; superará a todos los hombres en virtud y obtendrá una gloria que será recordada por todas las edades. El rey temió tanto esto que, de acuerdo con la opinión de sus hombres, ordenó que echaran al río a todos los niños varones nacidos de los israelitas y los destruyeran [...] y que si los padres lo desobedecían

> y se aventuraban a mantener con vida a sus hijos varones,
> ellos y sus familias debían ser destruidos.[5]

Verdaderamente sería un cordero el que vencería a todo el imperio de Egipto. Este cordero sería el cordero de Pascua ofrecido en sacrificio en cada casa antes del Éxodo (Éxodo 12). La sangre del cordero fue puesta a la izquierda, derecha y sobre la parte superior de la puerta para evitar que el destructor tomara la vida de los primogénitos varones (v. 7). El cordero fue asado y comido, trayendo sanidad a toda la nación hebrea, todo en una sola noche (Salmos 105:37). Esa noche murieron todos los primogénitos de los egipcios entre el pueblo, los animales y los cautivos (Éxodo 12:29).

UNA VISIÓN PREVIA AL NACIMIENTO DE MOISÉS

El historiador judío Josefo escribe que el padre de Moisés, Amram, tuvo un sueño (visión) prolongado, en el que Dios se le apareció y lo exhortó a no preocuparse con respecto al futuro. En la visión, Dios anticipaba la historia hebrea desde Abraham, Isaac y Jacob, y le informaba a Amram que estaría con ellos siempre. Predijo que el hijo de Amram (Moisés) liberaría a la nación hebrea y que sería escondido del peligro. El mundo lo recordaría siempre. La visión revelaba que ese niño también tendría un hermano quien obtendría un sacerdocio ordenado por Dios y que su descendencia lo tendría después de él hasta el fin del mundo.[6] De esta manera, el nacimiento de uno de los libertadores más grandes del mundo fue anticipado por un sueño profético.

Tres años antes del nacimiento de Moisés hubo una alineación entre Júpiter y Saturno en la constelación de Piscis (pez). Piscis siempre se ha considerado el signo de la nación de los hebreos (Israel). Esto se interpretó como una señal de que nacería una persona importante entre los judíos. Algunos rabinos sugieren que ese fue el motivo por el que Faraón les ordenó a las parteras asesinar a los varones arrojándolos al río Nilo (Éxodo 1:22). El cocodrilo era uno de los dioses de Egipto así que matar a los niños hebreos serviría como ofrenda para otro dios egipcio. Dios tuvo la última palabra. Aproximadamente ochenta años después, el ejército egipcio fue ahogado en el mar Rojo (Éxodo 14).

Julio César fue el primer emperador de la Roma imperial. Él aprobó leyes que provocaron que la gente se mudara de un lugar a otro. Uno de estos grupos fueron los colonos de Capua. Al estar construyendo edificios encontraron tumbas antiguas y vasijas, y comenzaron a investigarlas. En la tumba de Capys, el fundador de Capua, se encontraba una placa de bronce con la siguiente predicción grabada en griego:

> Cuando sean descubiertos los huesos de Capys, un descendiente de Iulus será asesinado a manos de sus congeneres y su muerte será vengada a través de aterradores desastres en toda Italia.[7]

Calpurnia, la esposa de Julio César tuvo un *sueño* preocupante en el que su casa era destruida y le dijo a su esposo que no fuera al Senado. Él ignoró la advertencia y fue acuchillado veintitrés veces, muriendo a la edad de cincuenta y seis años en 44 a.C.[8] De esta manera se cumplió la extraña predicción dicha años antrás. El hombre debió hacer escuchado la advertencia de su esposa.

Nunca dude de la capacidad de Dios de hablar en la actualidad y de dar la revelación necesaria para su protección, dirección e inspiración; y nunca siga a hombres o métodos falsos que ofrecen engaño.

Capítulo 7

¡LA ORACIÓN PUEDE ALTERAR UN SUEÑO DE ADVERTENCIA?

Y busqué entre ellos hombre que hiciese vallado y que se pusiese en la brecha delante de mí, a favor de la tierra, para que yo no la destruyese; y no lo hallé.

« EZEQUIEL 22:30 »

Muchos creyentes han tenido un sueño con una advertencia de algún peligro venidero, de una amenaza contra su vida o de un ataque satánico planeado en su contra. Una de las preguntas más comunes e importantes es: "Cuando recibes una advertencia de peligro a través de un sueño (o una visión), ¿es posible alterar la situación para evitar que suceda?

Comencemos por examinar las advertencias proféticas en las Escrituras. Cuando se le dio a Moisés la Torá (los primeros cinco libros de la Biblia), el profeta le dijo al pueblo de Israel que si desobedecían los mandamientos y leyes de Dios, se les daría oportunidad de arrepentirse y evitar ser juzgados. Sin embargo, les advirtió que si persistían en sus pecados y continuaban rechazando las instrucciones divinas de Dios serían tomados cautivos por sus enemigos, sequías destruirían sus cultivos, sus animales sufrirían y ellos verían las consecuencias de su desobediencia (consulte Deuteronomio 28 y Levítico 26).

En la historia de Israel, Dios no cambió su trato inmediatamente de misericordia a juicio. Siempre les dio un espacio de tiempo para que tuvieran la oportunidad de arrepentirse. Cristo le advirtió a la iglesia de Tiatira sobre una "profetisa" autoproclamada que seducía a los siervos de Dios. Jesús le dio tiempo a ella y a toda la iglesia para arrepentirse, pero si se negaban, vendría sobre ellos una "gran tribulación" (Apocalipsis 2:21–22). Año tras año, generación tras generación, Israel continuó rechazando los mandamientos de Dios y el Todopoderoso profetizó que la nación sería llevada cautiva a Babilonia durante setenta años (Jeremías 25:11). Una vez establecido el tiempo de este juicio, finalmente sucedió.

Cuando Cristo predijo que el templo (Mateo 24:1–2) y Jerusalén serían destruidos en una generación (Mateo 23:34–36), también reveló que quiso reunir a la ciudad y al pueblo como una gallina reúne a sus polluelos bajo sus alas, pero el pueblo se negó (v. 37). Una vez que la arena del reloj de la gracia llegó a su fin, el vidrio fue quebrado junto con la arena. Isaías y Jeremías predijeron la cautividad babilonia mientras la nación vivía en una gran prosperidad. La prosperidad terminó finalmente y Jerusalén fue dejada en ruinas. Algunos falsos profetas predijeron que Dios amaba a Jerusalén demasiado para permitir su deceso. Los sueños falsos de los falsos soñadores se fueron con el viento.

Las advertencias y la misericordia siempre preceden al juicio. En las Escrituras, las advertencias se daban a través de visitas angélicas, sueños y visiones (Génesis 19) o eran pronunciadas por un profeta. Muchas de las advertencias que recibimos en un sueño (o visión) no tienen como fin un juicio internacional, nacional o local, sino que a menudo son advertencias para individuos, sus familias o sus iglesias. Muchos sueños de advertencia tienen relación con dificultades espirituales, emocionales, físicas o económicas futuras. En estos casos, la oración de intercesión posiblemente puede evitar el ataque o alterar las circunstancias.

LO VI Y MÁS TARDE MURIÓ

También existe el peligro de aceptar lo que se ve con una actitud de "qué sea lo que tenga que ser" y no ponerse en la brecha a través de la oración. Poco tiempo después de casarnos, yo ministraba para el pastor Tony Scott en Sylvania, Ohio (en el área de Toledo). Pam y yo nos hospedábamos en la casa del pastor Scott. Durante aquellos días, yo permanecía despierto hasta las dos o tres de la mañana estudiando o a veces orando. Esa noche me fui a dormir alrededor de las 2:00 a.m., y al poco tiempo de acostarme e intentar dormir vi una escena breve a colores de un hombre parado frente a mí. Él vestía una playera de manta, pantalones de mezclilla viejos y botas de piel color castaño. Percibí claramente que me miraba.

Estaba tan atolondrado que me senté y le dije a mi esposa: "¡Acabo de ver a un hombre que asiste a la iglesia de tu localidad!". Cuando se lo describí, ella sabía de quién hablaba, pero ninguno de los dos podíamos recordar su nombre. Intenté recordar su nombre. Finalmente, me recosté y *por segunda vez* vi una repetición exacta de la misma imagen. Ahí estaba mirándome y vistiendo la misma ropa.

Una vez más, me desperté y dije: "¡Lo vi una vez más! ¿De qué se trata?". No veía nada o a nadie más. Nunca oré por él ni le pregunté al Señor por qué lo había visto tan claramente en esa visión (no fue un sueño).

La tarde siguiente, mi esposa le habló a su hermana en Northport, Alabama, la ciudad natal de mi esposa. Su hermana Sheila dijo: "¿Pam, alguien te llamó o te dijo algo acerca de Bill Ward?".

"No —respondió Pam— ¿quién es?". Cuando Sheila lo describió, Pam respondió: "Caramba, ese es su nombre. ¡Ese es el hombre a quien tocó el Señor durante la reunión de avivamiento de Perry en la iglesia!".

Sheila continuó diciéndonos que esa mañana (unas horas después de que lo vi), Bill regresaba del trabajo, ¡cuando perdió el control de su camión, fue lanzado fuera del vehículo y murió! Ambos nos quedamos perplejos. Meses después hablé con la viuda y le describí la ropa que vestía en la visión, y ella confirmó que eso vestía él la mañana de su muerte.

En ese momento yo no conocía la ley espiritual del "sueño doble" o cómo en un sueño doble el evento se establece y llega a suceder. El tiempo y la experiencia son gemelos valiosos que nos enseñan la verdad, cómo discernir los eventos y cómo orar. Cuando Israel pecó con el becerro de oro, la intención de Dios era destruir a toda la nación de Israel y solamente dejar con vida a un hombre: Moisés (Éxodo 32:8–10), para de esa manera levantar una nación de este profeta fiel. Moisés le recordó al Señor inmediatamente acerca de su pacto con

Abraham, Isaac y Jacob, y de cómo las naciones paganas se burlarían del nombre de Dios y lo acusarían de sacar a Israel de Egipto para matarlos en el desierto (vv. 11–13). Después de recordarle su promesa a Abraham de sacar a sus hijos de Egipto y llevarlos de vuelta a la Tierra Prometida, la Biblia dice: "Entonces Jehová se arrepintió del mal que dijo que había de hacer a su pueblo" (Éxodo 32:14). Dios no se *arrepentía de pecado*, sino que simplemente cambiaba de parecer con respecto a sus planes. ¡La oración de Moisés cambió la dirección de Dios!

Cuando el Todopoderoso le informó a Abraham que planeaba destruir las ciudades de la llanura, incluyendo Sodoma y Gomorra, Abraham, el hombre que tenía un pacto con Dios comenzó una profunda discusión con el Señor para negociar la seguridad de algún justo que pudiera habitar en alguna de las ciudades impías. Abraham comenzó con cincuenta personas y Dios prometió salvar la ciudad malvada si encontraba cincuenta justos en la ciudad. Pronto, el número bajó hasta diez y Dios aceptó detener la destrucción si encontraba diez justos en Sodoma (Génesis 18:23–33). Lo que hizo Abraham se llama *intercesión*. Interceder es cuando una persona se pone en lugar de otra para evitar que esta otra experimente juicio, peligro o destrucción. Por ejemplo, ahora Cristo está en el templo celestial representándonos como nuestro Sumo Sacerdote eterno y Él "puede salvar perpetuamente a los que por Él se acercan a Dios, viviendo siempre para interceder por ellos" (Hebreos 7:25). Un intercesor es aquel que hace una petición en nombre de otra persona. En nuestro caso, cuando pecamos necesitamos una persona que sirva como *abogado* (llamado así en 1 Juan 2:1) para que nos represente en el cielo, porque Satanás, "el acusador de nuestros hermanos", es como un fiscal en el tribunal y continuamente lanza acusaciones contra nosotros ante el trono celestial (Apocalipsis 12:10).

Nosotros tenemos un intercesor en el cielo, Jesucristo y

un Consolador en la tierra, el Espíritu Santo (Juan 14:16,26). Mi precioso padre me enseñó durante años que un sueño de advertencia no siempre significa que lo que se ve vaya a suceder fatalmente y que no puede evitarse, sino que es probable que el sueño haya sido revelado para que la persona que lo recibe *ore para evitar que suceda.*

Capítulo 8

APRENDA A ESCUCHAR LOS SUEÑOS DE ADVERTENCIA DE SU ESPOSA

Y estando él sentado en el tribunal, su mujer le mandó decir: No tengas nada que ver con ese justo; porque hoy he padecido mucho en sueños por causa de él.

« MATEO 27:19 »

Uno de los sueños más interesantes de la Biblia, no obstante ignorado, tuvo que ver con una señora que le hizo una advertencia a su esposo acerca de su trato hacia Jesús. Durante el juicio público de Jesús, una furiosa turba de fanáticos exigía la ejecución de Cristo. La narración bíblica comienza con Pilato, un hombre asignado como gobernador de Roma en la región de Judea. Antes de que se pudiera promulgar cualquier pena de muerte, Pilato tenía que condenar a Cristo. Cuando Pilato se preparaba para juzgar a Cristo y condenarlo a muerte, su esposa le envió un mensaje diciendo que había tenido un sueño preocupante de Cristo que lo mostraba como un hombre inocente.

La Escritura no da más detalle de lo que soñó o de la razón por la que había "padecido mucho en sueños". El *padecimiento* no era un dolor físico, sino estrés mental o emocional que ella había sentido como consecuencia de su sueño. En la escritura simplemente se le llama "la esposa de Pilato", pero la tradición eclesiástica dice que ella creía en Cristo y más tarde se le llamó santa Prócula o, como algunos sugieren, santa Claudia. Uno de los padres de la iglesia, Orígenes, en sus *Sermones sobre Mateo* sugiere que ella se hizo cristiana. Algunos sugieren que en la última carta de Pablo a Timoteo (2 Timoteo 4:21), la Claudia a la que se refiere podría ser la esposa de Pilato, quien se convirtió en creyente. Las iglesias ortodoxas occidentales y etíopes ortodoxas la celebran cada año. Cientos de años después, una carta escrita en latín dice que ella de hecho buscó a Cristo para que sanara el pie lisiado de su hijo Pilo.[1]

¿Pilato puso atención a la advertencia de su esposa? Aparentemente algo lo movió para no condenar a Jesús. De hecho, Pilato dijo públicamente que Cristo era "justo" (Mateo 27:24). La furiosa multitud exigía que Cristo fuera crucificado, Pilato ofreció liberarles a un prisionero. Yo creo que Pilato esperaba que liberaran a Jesús. Sin embargo, en lugar de eso exigieron que Barrabás, un ladrón, fuera liberado (vv. 16-21). Más tarde, Cristo fue crucificado entre dos ladrones. Barrabás era quien debía ser ejecutado junto a esos dos ladrones y colgado en la tercera cruz en el monte del Calvario y, sin embargo, ¡la segunda cruz fue preparada para Cristo!

Entonces Pilato pidió un cuenco y se lavó las manos intentando liberarse de la culpabilidad de la sangre inocente (v. 24). Este era un procedimiento conocido entre los religiosos judíos basado en la instrucción de Deuteronomio, que exigía que cuando se descubriera un cadáver cerca de la ciudad, los ancianos cercanos a la ciudad debían tomar una vaquilla, cortar su cabeza y lavarse las manos sobre la vaquilla asesinada mientras declaraban su inocencia por el cadáver muerto (Deuteronomio 21:3-6). Pilato no pidió una vaquilla, pero se lavó las manos y las autoridades religiosas judías sabían lo que hacía. Él se declaraba libre de la sangre de Cristo que estaba a punto de ser derramada. En ese momento los religiosos judíos dijeron: "Su sangre sea sobre nosotros y sobre nuestros hijos" (Mateo 27:25). De acuerdo con la ley de Moisés, esto trajo una maldición sobre la ciudad de Jerusalén y la tierra de Israel, como Cristo indicó que sucedería ya que había habido un derramamiento continuo de sangre inocente y justa (Mateo 23:34-36).

Evidentemente, algo llenó de valentía a Pilato para estar en desacuerdo con la sentencia que la multitud exigía a gritos para Cristo. Creo que fue movido por el sueño de advertencia de su esposa.

EL INSTINTO DE LA MUJER

Las parejas casadas a menudo hacen bromas acerca del hecho de que la mujer tiene un tipo de *instinto interno* que parece faltar en el esposo promedio. Este *radar interno* (como algunos lo llaman) es único cuando se considera que la serpiente sedujo a Eva en el jardín (2 Corintios 11:3). Las hábiles palabras tiernas inspiraron a la mujer a comer del árbol prohibido (Génesis 3:1–7). Esta puede ser una debilidad de la naturaleza femenina. Normalmente, una mujer no se impresiona fácilmente por la apariencia física de un hombre tanto como por la atención, compasión, afecto y por las *palabras amables* que este expresa. A menudo digo que si la serpiente hubiera sido hembra, Eva la hubiera perseguido por el jardín golpeándola en la cabeza con un palo gritando: "¡Vete de aquí mentirosa, solamente intentas robarte a mi hombre!".

Los hombres (los esposos) pueden ser muy racionales en sus procesos mentales y a menudo les falta el discernimiento que una mujer tiene en su espíritu. Yo tengo un pasatiempo en el que la inspiración va y viene. Me gusta escribir canciones y he tenido la bendición de tener más de cuarenta canciones publicadas en varios álbumes. Hace muchos años, mi esposa y yo éramos amigos de una joven pareja de ministros viajeros. Él era un predicador dinámico y su esposa lo acompañaba cantando a menudo en las reuniones. Ella me preguntó si me gustaría trabajar con ella en su nuevo proyecto musical, utilizando algunas de mis canciones. Desde luego que estaba emocionado con la posibilidad de publicar mis canciones e incluso crear más música para bendecir a muchas personas.

Lo consulté con mi esposa y ella dijo que estaba bien, que podíamos trabajar en el proyecto en la oficina del ministerio.

Sin embargo, esa noche, mi esposa tuvo un sueño preocupante. En realidad fue una doble advertencia. En el primer sueño, ella vio a esta mujer en una situación muy comprometedora y a mí a la distancia. Pam sintió que esta mujer estaba, como decíamos "echándome el ojo" en una manera seductiva. Después soñó con una tarántula grande que se acercaba al área donde estaba Pam, cerca de un vallado alto. A la mañana siguiente me relató el sueño e investigamos este tipo de araña para ver si había alguna *interpretación espiritual* por haber visto una tarántula. Descubrimos que este tipo de araña teje lentamente su telaraña para capturar a su presa y la asesina lentamente.

Pam sintió que eso tenía que ver con la mujer y dijo: "No me siento cómoda con la idea de que ella trabaje contigo. Creo que intentará tejer lentamente una telaraña y cazarte". Debido a que mi esposa sueña rara vez y que cuando lo hace, a menudo significa algo, inmediatamente le dije a la mujer que no podría ayudarla, pero que le podía recomendar algunas personas que podrían ayudarla en su proyecto. Pam y yo sentimos haber tomado una decisión sabia.

Meses después descubrí que esta mujer estaba teniendo varias aventuras amorosas. Imagínese el asombro que tuve al recibir una llamada de un pastor cercano quien nos compartió el terrible encuentro que ocurrió entre esta mujer y un miembro de su iglesia, mientras su esposo ministraba en su iglesia.

Con este sueño, Dios me salvó de lo que pudo haber sido un desastre moral, o por lo menos, de un posible ataque emocional.

AMIGOS, PONGAN ATENCIÓN

El radar femenino es muy efectivo para descubrir las intenciones de otras mujeres. Mi esposa dice a menudo: "Nadie conoce a una mujer tan bien como otra mujer". Como hombre, me asombra este instinto femenino, especialmente al intentar comprender cómo se da este *don* y cómo funciona. Sin embargo, cada vez que mi esposa (una mujer muy espiritual de oración) me ha dado una advertencia, más tarde se ha comprobado su exactitud. Los ministros mencionan a menudo a varias mujeres de la Biblia, maestras de la seducción, tales como Dalila, quien le hizo a Sansón el corte de cabello más destructor del mundo; o Jezabel, una seductora de hombres en la iglesia de la antigüedad (Jueces 16; Apocalipsis 2:20). No obstante, mujeres como Ana, María y su prima Elisabet fueron sensibles a la dirección del Espíritu Santo. Ana fue la primera profetiza que vio a Cristo de niño, cuando Simeón, el rabino anunció que Jesús era el Mesías que estaban esperando (Lucas 2:36-38). María se mostró receptiva al ángel que le anunció que ella concebiría un hijo siendo virgen (Lucas 1:30-35); y Elisabet la anciana estéril, esposa de un sacerdote se embarazó por una visitación sobrenatural (vv. 1-25). Todas ellas fueron mujeres de fe cuyos nombres son recordados en la Biblia y la historia de la iglesia cristiana.

EL SUEÑO DE MI MADRE

Mi madre, Juanita Stone, fue bendecida con tres hijos, Diana, Phillip y yo; y a los treinta y nueve años se embarazó por cuarta vez. Debido a que los otros tres partos fueron por cesárea, cuando el médico descubrió que tenía seis semanas de embarazo, inmediatamente le dio tres opciones: podía hacerse un estudio para saber el estado de salud del bebé o podía abortar al *feto*, porque había un alto riesgo de que el niño tuviera problemas mentales o físicos severos, además del gran peligro que ella podía sufrir con ese embarazo, o una tercera opción era que podía intentarlo y continuar con el embarazo. Mi madre le dijo al médico que abortar al bebé, aunque solamente tuviera *seis semanas de embarazo*, no era una opción. El médico dijo que necesitaría tomar la decisión antes del tercer mes de embarazo.

Mi madre estaba completamente decidida cuando dijo: "El aborto no es una opción". Ella también sabía que había varios indicadores físicos y médicos que señalaban que este era un embarazo de alto riesgo, con una posibilidad de que el niño naciera con una deficiencia mental. Mamá comenzó a orar sabiendo que Dios ya sabía que ella se embarazaría y que tendría cuarenta cuando naciera el bebé. Y aun así, Él había permitido que concibiera. Durante su tiempo de búsqueda del Señor, este fue un *sueño* que confirmó su confesión de fe.

Ella soñó que veía a una hermosa niña de cabello rizado, y sabía que era la niña que estaba en su vientre. En el sueño, la niña no estaba enferma, débil o deforme, sino que estaba completamente sana. Cuando mi mamá regresó con el médico, ella le dijo que el Señor le había mostrado que tendría una hermosa niña sana de cabello rizado. Por supuesto, puede imaginarse su escepticismo. Él la vio como una mujer cristiana demasiado ferviente, quien estaba negando los hechos clínicos a los que se enfrentaba.

El embarazo: cerca de la muerte

Mi mamá llegó al término del embarazo. Cuando llegó el momento del parto, se descubrió que había una obstrucción severa en sus intestinos y los médicos querían llevar a cabo una cirugía de emergencia, pero la fuerza de mamá se fue. Ella comenzó a sangrar profusamente en la sala de parto y llegó a un punto en que el médico sintió que *la perdía.* Mamá tuvo una experiencia *extracorpórea* en la que su alma (o espíritu) salió de su cuerpo. Ella flotaba en el aire viendo a los médicos y enfermeros intentando detener la hemorragia. Esto sucedió un domingo. En ese tiempo yo era adolescente. Una llamada llegó a la iglesia de mi papá (él era el pastor) para orar por mi mamá. En ese momento yo no sabía que casi perdía a mi madre. Sin embargo, mi mamá sobrevivió y dio a luz a su pequeña niña de cabello rizado, Melanie Dawn Stone. Mi madre, ahora de setenta años, continúa trabajando medio tiempo en mi oficina y mi *hermanita,* ahora en sus treintas, forma parte de nuestro personal de entrada de datos. Dios utilizó este sueño para quitar el temor y reafirmar la fe de Mamá. Cuando las cosas se tornan difíciles, ella le recuerda al Señor la promesa que Él le hizo.

OTRO SUEÑO DE EMBARAZO

Una de las demostraciones más dramáticas del poder que
hay en los sueños de las mujeres, sobre la que mi esposa y
yo todavía hablamos ocasionalmente, sucedió hace muchos
años y tiene que ver con un querido y conocido ministro y su
esposa. Yo había estado en el extranjero y había regresado al
aeropuerto Hartsfield de Atlanta, donde mi esposa me estaba
esperando en la zona de recolección de equipaje. Al salir del
aeropuerto, ella me dijo: "Tuve un sueño. Creo que Dios quiere
que visitemos a esta pareja en su servicio esta noche". En el
sueño, Pam vio a la esposa del pastor llorando sentada en un
servicio. Estaba preocupada porque había descubierto que
estaba embarazada. Decía: "No puedo pasar por esto". Pam
vio que la mujer estaba muy angustiada y la invadía una gran
depresión. Pam comentó: "Creo que está embarazada y debo
ir a contarle el sueño y decirle que todo estará bien". Sin que
su esposo supiera que los visitaríamos, condujimos y llegamos
justo después de que comenzara el servicio nocturno del miér-
coles. Su esposa no estaba en el asiento que ocupaba normalmente. Pam dijo: "No creo que esté aquí, pero su madre sí está.
Hablaré con ella después del servicio".

Pam habló con su mamá después del servicio y ella le dijo:
"Pam, adivina. ¡Está embarazada de nuevo!". Pam palideció
y respondió: "Debo contarle este sueño", y lo hizo. La madre
comenzó a llorar y dijo: "Debes ir a verla. Está tan deprimida
que hoy no vino al servicio. ¡El Señor te envió a donde ella!".
Después de platicarle el sueño al pastor, él comenzó a llorar
y dijo: "Ustedes no saben lo que hemos pasado las últimas
semanas. Casi dejo de pastorear por el estrés que hemos
sentido".

¡Para sorpresa de ella, esa noche llegamos a su casa! Nos sen-
tamos con ellos y Pam les platicó el sueño en detalle y comenzó
a hablar de su corazón. ¡Lo que Pam vio había sucedido

literalmente la noche que lo soñó! Mi esposa es una persona muy callada y discreta y yo estaba muy orgulloso de ella por haber obedecido al Señor. No solamente fueron tocados por el Espíritu Santo esa noche, sino que el embarazo salió bien. ¡Ahora la niña es una hermosa mujer completamente dedicada al Señor!

¿Qué hubiera sucedido si Pam *hubiera ignorado el sueño* y dicho: "La otra noche tuve un sueño muy tonto", o si no hubiera sido sensible para discernir la advertencia del Espíritu Santo? Es posible que el estrés que sentía la pareja los pudiera haber desviado de la voluntad de Dios.

Las mujeres tienden a ser más conscientes y sensibles espiritualmente que la mayoría de los hombres. Esto se puede ver en las dos visitaciones del ángel Gabriel: una de ellas a un hombre llamado Zacarías y la otra a la virgen María. Cuando Gabriel apareció junto al altar del templo para anunciarle a Zacarías que su esposa estéril concebiría un hijo, ¡Zacarías pidió una *señal* de que sucedería! La señal, consecuencia de su incredulidad, fue quedarse mudo durante el embarazo de su esposa, durante nueve meses (Lucas 1:1-20). A María también le informaron que tendría un hijo y su actitud fue: "Hágase conmigo conforme a tu palabra" (Lucas 1:38). ¡El *predicador* se mostró escéptico ante el ángel mensajero y la simple sierva de Nazaret estaba lista para creer lo que parecía imposible! Cuando Cristo fue crucificado, los discípulos corrieron por su vida (excepto Juan), sin embargo, las mujeres permanecieron con él hasta el final (Marcos 15:40-41). Tres mujeres tramaban remover la enorme piedra de la tumba para ungir el cuerpo del Señor (Marcos 16:1-4), ya que no había hombres con ellas, porque los discípulos estaban escondidos a causa del temor. Quienes sostuvieron económicamente la mayor parte del ministerio de Cristo fueron mujeres:

> Y algunas mujeres que habían sido sanadas de espíritus
> malos y enfermedades: María, que se llamaba Magda-
> lena, de la que habían salido siete demonios, Juana, la
> mujer de Chuza intendente de Herodes, y Susana, y otras
> muchas que le servían de sus bienes.
>
> —Lucas 8:2–3

Los hombres tienden a pensar de manera lógica y en la cultura occidental a menudo se les enseña desde pequeños a no
expresar sus emociones, especialmente llorando o siendo demasiado humildes. Esto tiende a hacer que los hombres se sientan
incómodos con las expresiones religiosas, especialmente si tienen
que tomar la mano de otro hombre en los servicios de la iglesia
cuando *se está unánimes en oración* o expresar sus emociones
con lágrimas. Por otro lado, las mujeres fueron creadas con
la capacidad de mostrar más empatía, compasión e intuición,
porque están estrechamente relacionadas con sus emociones. A
la mayoría no se les dificulta expresar palabras tranquilizadoras,
abrazos, besos, ternura y llorar cuando es necesario. La religión
les puede parecer formal y seca en su enfoque, pero una experiencia con Dios brinda un encuentro con la justicia, la paz y el
gozo en el Espíritu Santo (Romanos 14:17).

Si un esposo está casado con una mujer dedicada, de oración y fe, entonces debe aprender a ponerle atención a lo que
ella sienta en su interior, a sus impulsos y ocasionalmente a sus
sueños, así como a los sentimientos con los que parece estarlo
molestando.

Si un esposo se preguntara: "¿Por qué el Señor no me muestra
lo que le está mostrando a mi esposa?", la respuesta sería: "Tu
antena espiritual no está levantada como la suya".

NO ABUSE DEL DON

Es muy importante que toda mujer cristiana comprenda y cuide esta capacidad especial y nunca abuse de ella, especialmente en el aspecto de intentar *controlar* a su pareja. Usted nunca debe permitir que los sueños carnales de envidia sean interpretados como algo que *siente* hacia alguien, cuando en realidad está celosa del favor o las bendiciones de la otra persona. En el libro de Jueces, una mujer llamada Dalila presionaba continuamente a Sansón con sus palabras: "Yo te ruego que me declares en qué consiste tu gran fuerza [...] descúbreme, pues, ahora, te ruego, cómo podrás ser atado [...] ¿Cómo dices: Yo te amo, cuando tu corazón no está conmigo?" (Jueces 16). Sansón había matado a un león y destruido a miles de filisteos, pero no podía manejar el desgaste verbal que recibía de esta novia filistea prohibida que tenía un salón de belleza en Gaza.

Uno de los grandes peligros que ha existido durante siglos en la Iglesia es el abuso de los dones espirituales. La historia de la Iglesia está llena de personas que han afirmado ser profetas y desviado a la gente con alguna supuesta inspiración o advertencia profética. En mi séptimo libro *Unusual Prophecies Being Fulfilled* (El cumplimiento de profecías inusuales) escribí:

> Sucedió a finales del siglo dieciséis. Construían arcas a lo largo de ríos y lagos en Austria y Alemania. La mayoría eran agricultores que simplemente utilizaban martillos, clavos y árboles talados para construir grandes barcos para proteger a sus familias de otro "diluvio mundial", similar al que ocurrió en los días de Noé. La gente seguía las instrucciones proféticas del astrólogo y autoproclamado profeta, Johann Stoffler. Según los cálculos irrefutables de Stoffler, otro diluvio masivo caería sobre Europa y los únicos sobrevivientes del diluvio mortal

serían aquellos que siguieran las instrucciones para preparar sus arcas y salvar a sus familias.

Llegó la fecha y no cayó ninguna tormenta, inundación o destrucción. En retrospectiva, si los habitantes hubieran tenido Biblias y leído la promesa de Dios a Noé, cada vez que hubieran visto un arcoíris cubriendo el cielo, habrían sabido que Dios pactó no destruir la tierra con agua de nuevo (Génesis 9:13–16). Cuando la gente comenzó a buscar respuestas otro astrónomo entró en escena, otro supuesto profeta de Viena, Austria, llamado Georg Tannenstetter, quien desaprobó el cálculo de Stoffler y declaró que no ocurriría ninguna inundación. Bueno, se acabaron las casas flotantes.[2]

Si una persona posee un don para escuchar al Señor, entonces debe evitar utilizar este don de una manera incorrecta o incluso comerciar con el don para ganancia personal, lo cual está prohibido en las Escrituras:

> Y muchos seguirán sus disoluciones, por causa de los cuales el camino de la verdad será blasfemado, y por avaricia harán mercadería de vosotros con palabras fingidas. Sobre los tales ya de largo tiempo la condenación no se tarda, y su perdición no se duerme.
> —2 PEDRO 2:2–3

Existen *profetas* famosos que demandan un pago (*ofrendas*) a cambio de una palabra del Señor. Escuché de una persona que supuestamente interpreta sueños, y que le cobra a la gente por la interpretación. Los ministerios e iglesias legítimos operan mediante los diezmos y las ofrendas; los que hacen estos *cobros*, ¡simplemente están mercadeando a Dios y esto es desagradable para Él!

Una razón para lanzar esta advertencia es que en el pasado ha habido mujeres que han llegado a ser tan *espirituales* en sus propios ojos que han dejado a sus hijos y esposos por su propio *ministerio*. Comenzaron a creer que su familia interfería con el *don* que Dios les había dado para el mundo. Mujeres, permítanme sugerirles lo siguiente: no aborden un autobús con dirección a Washington, D.C., para *atar los espíritus malignos sobre nuestra nación*, si no pueden lidiar con los pequeños espíritus que están afectando su hogar o su vida personal. Mujeres, si están casadas y tienen hijos, entonces su prioridad es ser la madre de sus hijos y la esposa de su esposo. Deseo afirmar rotundamente que Dios no necesita *su don* tanto como para que deje a sus hijos sin madre y deje su casa por el Reino (consulte 1 Corintios 7).

Cual sea el don que Dios le haya impartido, siga al Señor con toda mansedumbre y humildad, buscando bendecir a otros y siempre dele la gloria a Dios por todo lo que haga a través de usted.

Capítulo 9

EL SIGNIFICADO DE SOÑAR LA PARTIDA DE UN SER AMADO

Pero confiamos, y más quisiéramos estar ausentes del cuerpo, y presentes al Señor.

« 2 CORINTIOS 5:8 »

La muerte de un amigo o ser querido es una experiencia triste y a menudo traumática. El vacío que queda y la soledad que se siente provocada por su ausencia puede ser emocionalmente abrumadora. Muchas personas anhelan escuchar esa voz familiar, esa risa cálida o que el ser que ha partido les hable de nuevo. Algunas veces la persona afligida recibe consuelo a través de un sueño en el que el difunto parece hablarles. Me han enviado muchas preguntas acerca de lo que significa cuando una persona ve en un sueño a un ser amado fallecido.

Mi abuelo, John Bava era ministro, compositor, editor y un hombre súper dotado a quien yo admiré profundamente. El partió con Cristo en 1998. Desde entonces, rara vez tengo un sueño donde él no esté. Algunas veces estamos en la vieja casa en Virginia Occidental. Otras, lo veo junto con la abuela en una granja, sentados comiendo con la familia o solamente lo escucho reír. Después de que un ser amado fallece, especialmente un creyente, es común que un familiar cercano sueñe con él. Parte se debe a que la persona está grabada para siempre en su memoria y una imagen permanente está impresa en su corazón. Cualquiera que haya formado parte de su vida su recuerdo permanece en lo profundo de su espíritu, estén vivos o muertos. De hecho, algunas veces parece como si mi abuelo y mi abuela todavía estuvieran con nosotros, aunque sabemos que su espíritu está en la presencia del Señor (2 Corintios 5:8).

La mayoría de las veces que he visto a mi abuelo han sido sólo sueños. No ha habido un significado particular en el sueño y he despertado feliz al recordarlo como parte de mi vida. Sin embargo, ha habido raras ocasiones en las que el Señor permite que una persona que ya partió aparezca en los sueños de un ser amado para darle consuelo. Uno de los episodios más dramáticos que conozco, ocurrió en Tuscumbia, Alabama. Yo estaba ministrando en una iglesia local y una mujer de edad avanzada me platicó este episodio personal. Su esposo y ella habían sido creyentes durante muchos años. Él murió de pronto. La mujer llegó a un punto en que necesitaba un ingreso adicional para pagar las cuentas. En vida, su esposo le dijo que había escondido algo de dinero en la casa en caso de emergencia, pero el hombre nunca le dijo dónde lo había escondido. Ella había buscado en los cajones, el armario y otros lugares, pero no había encontrado nada. Le pidió ayuda al Señor para que le revelara, de haber dinero en la casa, dónde estaba escondido. Ella despertó una noche y vio a su esposo parado cerca del pie de la cama. ¡Estaba asombrada! Él no dijo palabra, sino que caminó hacia el armario de la habitación y señaló una pila de sábanas. Volteó y señaló la última sábana varias veces, sonrió y luego desapareció. Ella volvió en sí y no sabía si lo había soñado o había sido una visión.

Para *probar que el espíritu* venía del Señor (1 Juan 4:1) se levantó y fue al armario. Sacó la pila de sábanas de la repisa superior. Al colocarlas sobre la cama comenzó a abrirlas, ¡abrió la última sábana y había miles de dólares doblados en ella! Obviamente el Señor estaba preocupado por esta preciosa viuda y sabía dónde estaba el dinero. El Señor utilizó un sueño/visión para darle lo que había pedido. Observe que ella no pidió ver a su esposo, sino que le pidió a Dios que le mostrara dónde estaba el dinero. No obstante, Dios utilizó esto para animarla y bendecirla.

EL LLAMADO SOBRENATURAL DE MI PAPÁ AL MINISTERIO

El encuentro más dramático que conozco del Señor permitiéndole a alguien ver el espíritu de un ser amado fallecido, es el de mi padre. Durante muchos años mi papá ha contado, una y otra vez, la historia de su llamamiento al ministerio en su adolescencia.

Mi papá se convirtió a los diecisiete años y comenzó a hacer reuniones de oración con otros jóvenes de su edad. Un amigo, Al Collins, se convirtió en el compañero de oración de mi papá y ambos asistían a la iglesia, estudiaban y oraban continuamente. Una noche, Al tuvo un sueño en el que mi papá y él estaban en una roca grande y sólida rodeados de aguas turbias. Mi papá y él hacían a un lado las serpientes utilizando una larga vara. De pronto, los pies de Al comenzaron a resbalar y le dijo a mi papá: "Fred, te dejé en esa roca para pelear la batalla. ¡Entré al agua y fui llevado al fondo!". Ambos supieron que era la advertencia de un inminente ataque satánico, pero no sabían que le diagnosticarían un tumor a Al en el cerebro que meses después tomaría su vida.

Después de la muerte de Al, mi papá se sintió triste y estaba orando para saber si participaba en la guerra de Corea. Él estaba solo, orando afuera de una choza de una sola pieza que habían construido para estudiar y orar. Apoyando su silla contra la pared exterior, ¡mi papá sintió una mano sobre su hombro a través del muro! De pronto se desplomó y sintió instantáneamente que su espíritu salía de su cuerpo, moviéndose más rápido que la velocidad de la luz hacia el universo. Él pensó que posiblemente había muerto de un ataque cardiaco. Mi papá describe que finalmente se detuvo en algún lugar del universo donde se encontraba rodeado del cielo azul zafiro más hermoso que jamás había visto. Estaba flotando, pero no sentía temor.

De pronto, vio una bola plateada de luz acercándosele a la distancia. Para su sorpresa, Al Collins salió de esa luz, levantó su mano derecha y le dijo: "Fred, Dios me pidió que te dijera que debes predicar". Sin advertencia alguna, Al regresó a la luz y al parecer viajó hacia el hermoso espacio azul, y desapareció. De repente, mi papá sintió que su espíritu comenzó a moverse a toda velocidad y volvió a entrar en su cuerpo (consulte 2 Corintios 12:1–4). Cuando volvió en sí en su silla, el cabello de mi papá estaba parado de puntas. ¡La energía que sintió en la experiencia fue *electrizante*! ¡Mi papá se inscribió en la junta de reclutamiento, pero nunca fue llamado a participar en el ejército!

Algunas personas no creen que el Señor pudiera permitir que sucediera algo tan asombroso. Sin embargo, piense en el llamamiento sobrenatural de Saulo de Tarso al ministerio. Saulo viajaba a Damasco, Siria, con documentos legales para arrestar a los principales líderes de la Iglesia cristiana. El viaje de Saulo de pronto fue interrumpido por una luz celestial y la voz de Cristo mismo le habló a Saulo desde el cielo (Hechos 9:3-5). La luz era tan brillante que Saulo fue cegado y tuvo que ser llevado a la ciudad de Damasco (Hechos 22:11). El llamado de Dios vino directamente del cielo y lo dio verbalmente Cristo mismo quien había muerto y resucitado de los muertos y estaba en el cielo cuando le habló a Saulo y le anunció que había sido escogido. Aunque desde luego mi padre no era Saulo de Tarso, su llamado al ministerio fue dramático y necesario, ya que se estaba preparando para la guerra de Corea, la cual hubiera *interrumpido el destino de su futura familia*. Lo más seguro es que habría entrado en la guerra, no se habría casado con mi madre y ella no habría dado a luz a cuatro hijos, ¡incluyendo a su hijo predicador escritor de este libro!

Con esta ilustración recuerde que de acuerdo con las Escrituras, cuando estamos ausentes del cuerpo estamos presentes al Señor (2 Corintios 5:8) y nuestro espíritu deja nuestro cuerpo al morir (Mateo 27:50; 12:23). Un espíritu recto entra al tercer cielo en una morada llamada *el paraíso* (2 Corintios 12:1-4). De este modo, el justo en realidad no muere; su espíritu eterno está vivo en otro reino.

Yo creo que mi padre tuvo una *experiencia extracorpórea* similar a la que Pablo describió cuando vio el tercer cielo (2 Corintios 12:1-4). Dios le permitió a mi papá que viera a su mejor amigo, quien le confirmó que la voluntad de Dios para mi papá era que predicara. Por favor observe: mi papá no pidió ver a Al, pero Dios lo permitió en su soberanía.

LOS SANTOS ANTES DE MORIR VEN A OTROS SANTOS YA MUERTOS

Antes de la muerte de Cristo, Dios envió a dos profetas del Antiguo Testamento a hablarle en el monte de la transfiguración. Estos dos ancianos, Elías y Moisés, aparecieron y hablaron con Cristo acerca de los eventos que rodearían su muerte en Jerusalén (Lucas 9:28–33). No puedo contar las veces que familiares han contado que su madre, padre o abuelos comenzaron a ver a familiares que ya se han reunido con el Señor, antes de morir. Muchas veces un moribundo físicamente débil que ha tenido los ojos cerrados despierta de pronto consciente de su alrededor. Entonces la persona dice con una voz débil: "Que entren esos hombres, vienen por mí", o pregunta: "¿No ves los ángeles que están en la habitación?". Cuando una persona va a morir, ya sea en un hospital o en su casa, esta comienza a ver a seres amados que ya fallecieron y esto normalmente indica que la persona se irá pronto con el Señor. Cuando Esteban, el primer mártir en los albores de la iglesia estaba siendo apedreado por los fanáticos religiosos de su tiempo, dijo: "He aquí, veo los cielos abiertos, y al Hijo del hombre que está a la diestra de Dios" (Hechos 7:56). Esteban vio el mundo espiritual momentos antes de ser llamado ante el Señor para que recibiera su espíritu (v. 59). Sus ojos fueron abiertos para ver la siguiente dimensión momentos antes de partir.

Yo he hablado con personas que han sobrevivido una cirugía importante y que vieron (de manera clara) a sus seres amados que ya fallecieron. Lo que voy a compartir ahora es muy importante. En todos los casos, las únicas personas que aparecen son aquellos que fueron personas sólidas y de oración que amaban al Señor. Algunas veces la persona en el hospital se pregunta dónde están los otros familiares, pero estos nunca aparecen. ¡En cada caso el creyente nunca ve a una persona que murió sin Cristo! En otras palabras, en tales situaciones, aquellos que murieron perdidos nunca le aparecen a nadie para advertirle acerca de la tierra de las almas perdidas. ¿Por qué?

En Lucas 16:19–31, Cristo reveló una historia verdadera acerca de un hombre pobre que pedía comida y un hombre rico que se negaba a alimentarlo. Ambos hombres murieron. El hombre pobre se fue al paraíso y el hombre rico egoísta encontró su espíritu en el infierno. El hombre rico rogó que el pobre regresara de la muerte y les advirtiera a sus cinco hermanos para que no terminaran en ese lugar prohibido. La respuesta a la petición de este hombre atormentado fue: "A Moisés y a los profetas tienen; óiganlos [. . .] Si no oyen a Moisés y a los profetas, tampoco se persuadirán aunque alguno se levantare de los muertos" (vv. 29–31). La razón de este comentario es que alguien que cree en la Biblia, también debe creer en lo sobrenatural y en la vida eterna, lo cual se enseña en las Escrituras. Los pecadores, agnósticos o ateos no creerían aunque vieran a alguien regresar de los muertos. Lo etiquetarían como una alucinación, una imaginación desbocada o como el efecto de algún medicamento. Esto sucede cuando un creyente le dice al médico que vio el más allá o a un ser amado ya muerto. Un ateo es un ateo y el hecho de ver a un ser amado fallecido no lo va a hacer cambiar.

Cristo tuvo que detener a Saulo en el camino a Damasco, cegarlo, mostrarle una visión y hablarle con voz audible antes de que este fariseo de fariseos rebelde pusiera atención (Hechos 9:1–8). Más tarde, Saulo reveló que aquellos que viajaban con él vieron la "luz", pero no escucharon la "voz" (Hechos 22:9). Saulo, cuyo nombre fue cambiado después, llamó esto una "visión celestial" (Hechos 26:19). Algunos vieron la luz y no escucharon nada. Aquello que Dios le permite ver y escuchar puede basarse en su nivel espiritual de compromiso personal con Él. Una de mis colaboradoras, Sherri Fisher, perdió recientemente a su padrastro, el reverendo Eugene Nicola, enfermo de cáncer. Él se debilitó mucho días antes de fallecer. Sin embargo, estaba muy alerta al mundo espiritual. Comenzó a decirle a la familia: "He visto los colores del cielo". También dijo que había escuchado la música del cielo. Después de varios encuentros inusuales en los que sus ojos estaban abiertos al más allá, le dijo a su familia que se reuniera alrededor de su cama: "¡Deseo ir a casa, porque aquí es demasiado carnal!".

¿POR QUÉ DIOS PERMITE VER A UN SER AMADO FALLECIDO?

Algunas veces, cuando una persona sueña a un ser amado fallecido, ese *puede ser* un sueño del Señor. Cuando se ve a una persona en una visión, esta parece ser muy clara y de forma tridimensional. Una visión puede ser tan *real* que una persona puede parecer regresar del paraíso para aparecérsele a usted, *literalmente*. En la visión de Esteban, Cristo se le apareció estando en el cielo. En la visión apocalíptica de Juan, el profeta estaba en la isla de Patmos, pero fue llevado "en el espíritu" al templo celestial (Apocalipsis 1:10). Todo el libro de Apocalipsis es una visión de lo que vendrá.

La aparición en la tierra de un ser amado fallecido, no indica necesariamente que la persona ha salido del paraíso de las almas de los justos en el cielo y regresado a la Tierra. Dios puede permitir que un alma que ya está en el cielo aparezca en una visión de la misma manera que Cristo le apareció a Saúl de camino a Damasco. La pregunta es: "¿Por qué el Señor permitiría que una persona viera a alguien que ha partido con Él en un sueño o visión? Creo que existen cuatro posibles razones.

1. Algunas veces para traerle consuelo

Algunas veces, cuando una persona parte, los familiares no están seguros de la condición espiritual del ser amado que falleció. Posiblemente fueron criados en una iglesia, confesaron a Cristo en algún punto, pero no estuvieron activos en el Reino como debieran. En diferentes ocasiones en la Biblia, el Señor le permitió aparecer a aquellos que habían muerto y decirles a sus familiares que estaban bien y que no se preocuparan por ellos. Esto no quiere decir que siempre podemos pedir algún tipo de confirmación y experimentar un sueño o visión de una persona. Para que esto suceda debe ser el propósito soberano de Dios, algo que nadie puede manipular o controlar.

2. Para traer recuerdos positivos

Cuando parte una persona que le trajo un gran gozo, esta la deja solamente con recuerdos. Estos recuerdos son como fotografías preciosas que capturan un momento en el tiempo. De vez en cuando sacamos varios álbumes y reímos al ver cuánto hemos cambiado a través de los años. Mi esposa siempre me dice que ahora soy más guapo y no necesito decir que me encanta sacar aquellas fotografías para recordarle lo bendecida que ha sido (¡sea paciente con mis disparates!).

Dios puede ver cuando estamos tristes, solos o abatidos. Algunas veces podemos ver a un esposo, esposa o hijo que ahora están con Cristo en un sueño y los recuerdos resurgen, trayéndonos gozo y resucitando recuerdos familiares que mantenemos escondidos en nuestro espíritu.

3. Para darle esperanza para la resurrección

Para un creyente, la esperanza de la resurrección es un gran consuelo. Esta es la emocionante esperanza que posee un creyente, que cuando los muertos en Cristo sean levantados, nos reuniremos con nuestros queridos amigos y seres amados. Posiblemente esta sea la razón por la que después de muchos años parece como si mis preciosos abuelos continuaran viviendo; porque ellos están en el paraíso con Dios en el cielo, ¡donde sus espíritus esperan la resurrección de los muertos!

Cuando los vemos en un sueño recordamos que un día el sueño se convertirá en realidad cuando Cristo regrese. Los veremos de nuevo. Marta lo comprendió cuando le recordó a Cristo que en la resurrección que vería de nuevo a su hermano Lázaro (Juan 11).

4. Para darle una premonición acerca de la muerte

Quiero ser prudente al expresar y explicar esta cuarta razón, ya que es fácil que alguien malentienda un simple sueño en el que participa un ser amado. Sin embargo, ha habido veces en que familiares aparecen en el sueño de un santo mayor para decirle que es tiempo de ir a casa. Recuerdo que meses antes de que mi padre falleciera, él me llamó y me dijo: "Tuve un sueño raro. Me dormí en mi sillón y vi a mi padre, mi madre y mi hermano menor, Tony, quienes murieron en la década de 1930".

Le pregunté qué había visto. Él respondió: "Ellos me decían 'Johnny, es tiempo de que vayas a casa'". También vio en el sueño un gran edificio parecido a una mansión en algún lugar del cielo. Él sintió haber recibido una advertencia de que pronto fallecería. Para su edad gozaba de buena salud, con excepción de problemas cardiacos menores.

Mi padre y yo tuvimos sueños al mismo tiempo en los que participaba mi abuelo. Yo soñé que estaba en el cuarto de baño de una casa vieja. De pronto colapsaban tres de los cuatro muros alrededor del retrete. Yo no estaba seguro de qué significaba, pero ese era el cuarto de baño que mi abuelo siempre utilizaba, contiguo a la habitación de mi abuela y él. Mi papá soñó que el abuelo estaba trabajando en el ático y se enredaba en los cables. Caía entre los cables y moría.

Semanas más tarde el abuelo fue llevado al Hospital Elkins para someterlo a una cirugía en sus intestinos. Después de la cirugía tuvo tres infartos, lo cuales afectaron su cerebro y pasó a estado vegetal, permaneciendo así en la sala de cuidados intensivos. Parecía que tenía cables conectados en todo su cuerpo. Entonces falleció. El cuarto de baño y el retrete de mi sueño indicaban el problema intestinal, y los tres muros que cayeron eran los tres infartos que arruinaron su cuerpo. La casa era su cuerpo, el ático era su mente. Él tenía varios cables conectados a aparatos para controlar su corazón, su respiración y su actividad cerebral, y murió conectado al equipo. Los dos sueños fueron en realidad los mismos, vistos desde perspectivas distintas.

Por favor comprenda que soñar a un ser fallecido, no significa que usted o alguien cercano morirá. Puede haber varias razones o incluso ninguna razón para soñar tal cosa.

SOÑAR SU PROPIA MUERTE

Como padres, nos preocupamos por nuestros hijos y a menudo pensamos en las numerosas posibilidades de que algo les haga daño, especialmente cuando son pequeños y débiles para defenderse. Todos sabemos que existen promesas de protección angélica sobre nuestros hijos (Mateo 18:10). Esta preocupación inconsciente puede conducir a una preocupación silenciosa, la cual, a cambio provoca que seamos atormentados con sueños de que algo terrible les puede suceder.

Debido a que mi madre se embarazó a los cuarenta años, ella protegía demasiado a su pequeña Melanie, como cualquier madre lo haría. Mamá decía tener sueños tormentosos de que algo malo sucedería, pero sabía que era el enemigo que intentaba atemorizarla. Lo mismo sucedió cuando nació mi hijo. Varias veces soñé que moría de niño. Pam y yo orábamos todos los días (y continuamos haciéndolo) por que un ángel del Señor protegiera a nuestros hijos. Cuando Jonathan tenía cuatro años, nos hospedamos en un hotel en Maryland. Su madre estaba abajo lavando la ropa y yo estaba en la habitación contigua a la suya donde él veía la televisión. Pam entró y dijo: "¿En dónde está Jonathan?".

Yo respondí: "Está en la habitación contigua". Ella entró por la puerta que unía las dos habitaciones y él no estaba ahí. ¡Nos alarmamos! Caminamos por el pasillo escuchando a todos los niños que lloraban y terminamos en el elevador. Presionamos el botón y ahí estaba él, solo. Dijo: "Quiero a Mami". Él no sabía qué botón presionar en el interior del elevador. Cualquiera pudo haberlo robado y nosotros no lo habríamos visto de nuevo.

Cuando creció supe que debíamos confiar en que el Señor protegería a la familia en casa en nuestros viajes. El enemigo pondrá un peso adicional en su corazón si existe temor. Entonces usted tendrá sueños atormentadores que lo perseguirán en el día. Soñar la muerte de un niño debería hacerlo revisar si existe algún temor con el que se debe lidiar o si es una advertencia. Ore por protección y paz, ambas son promesas contenidas en las Escrituras.

¿Qué sucede si sueña su propia muerte? Los investigadores seculares de los sueños nos dicen que esto puede indicar un nuevo matrimonio o empleo. Sin embargo, también puede ser una señal de temor a la muerte. Rara vez puede ser una advertencia sobre la que deba orar, ya que la oración cambia las circunstancias. Ezequías supo que moriría, pero su clamor y su oración llegaron a Dios y su vida fue preservada durante quince años más (2 Reyes 20:6).

Yo era amigo de un rabino judío reconocido de Jerusalén llamado Getz. El rabino iba a su oficina todos los días en la tarde para orar, a menudo hasta la madrugada. Le dijo a su esposa que el Señor había venido a él y le había dicho que moriría en dos semanas. Sucedió exactamente lo que dijo.

Se sabe que el Presidente Abraham Lincoln tuvo dos sueños acerca de su muerte. El primero sucedió antes de su elección en 1860. En él, vio dos imágenes de su propio rostro en un

espejo. Una estaba muy pálida y desapareció cuando la miró.[1]
Muchos creían que era un signo de que no sobreviviría a su
segundo periodo.

Abraham Lincoln escribió acerca de un extraño sueño que
tuvo en marzo o abril de 1865:

> Me acosté muy tarde. Había estado esperando mensajes
> importantes del frente. No había pasado mucho tiempo
> en mi cama, cuando quedé completamente dormido, ya
> que estaba cansado. Pronto comencé a soñar. Parecía
> haber una tranquilidad mortal en mí. Entonces escuché
> sollozos bajos, como si mucha gente estuviera llorando.
> Pensé que había abandonado la habitación y vagaba en
> la parte de abajo. El silencio se rompió por los mismos
> sollozos lastimeros, pero los dolientes eran invisibles. Fui
> de habitación en habitación, pero no pude ver ningún ser
> viviente; pero los mismos sonidos dolientes de aflicción
> me encontraban al pasar. Todas las habitaciones estaban
> iluminadas, todos los objetos me eran familiares; pero,
> ¿en dónde estaban todas las personas que sufrían como
> si su corazón se fuera a romper? Estaba confundido y
> asustado. ¿Qué podía significar todo esto? Determinado
> a encontrar la causa del misterio e impacto de las cosas,
> continué hasta llegar al Cuarto Este, en el que entré. Ahí
> me encontré con la sorpresa más escalofriante. Ante
> mí estaba un catafalco sobre el cual yacía un cadáver
> envuelto en vestimentas de funeral. Alrededor se encon-
> traban soldados haciendo guardia, cuyos rostros estaban
> cubiertos y otros lloraban lastimosamente. "¿Quién
> falleció en la Casa Blanca?", le pregunté a uno de los
> soldados. "El presidente —fue su respuesta—, ¡lo asesi-
> naron!". Entonces se oyó un gran arranque de dolor en
> la multitud, que me despertó de mi sueño.[2]

Dos semanas después, el 14 de abril, John Wilkes Booth
asesinó a Lincoln en el Ford's Theatre. ¡Su ataúd fue colocado

en el Cuarto Este, custodiado por soldados tal como él lo vio en el sueño!

Se dice que la noche anterior a su asesinato, Lincoln le informó a un miembro de su gabinete acerca del sueño. La mañana anterior a su asesinato, Lincoln le contó a su guardaespaldas, W. F. Crook, su sueño, diciéndole que lo había soñado tres veces. Crook le rogó al presidente no entrar en el teatro esa tarde. Él notó que antes de salir hacia el teatro, Lincoln, quien normalmente decía "Buenas noches", le dijo a Crook "Adiós".[3]

Este es un sólido ejemplo de una persona conocida que (de acuerdo con Crook) soñó tres veces que moriría.

LA PREMONICIÓN DE LA MUERTE

La gente a menudo habla de tener una *premonición* de algún evento futuro o de que algo sucederá. Una *premonición* es una advertencia adelantada de algo que sucederá. Esto sucedió cuando Elías y los hijos de los profetas recibieron la advertencia de que el profeta Elías sería llevado vivo al cielo. Eliseo estaba siguiendo a Elías a las ciudades de los hijos de los profetas y todos sabían que Elías se iría al cielo ese día:

> Y saliendo Eliseo a los hijos de los profetas que estaban en Bet-el, le dijeron: ¿Sabes que Jehová te quitará hoy a tu Señor de sobre ti? Y él dijo: Sí, lo sé, callad.
>
> —2 Reyes 2:3

En ambos lugares, Betel y Jericó, los "hijos de los profetas" fueron advertidos acerca de la partida del gran profeta ese día (2 Reyes 2:1–6). El texto indica que Elías fue el primero en saber que sería llevado ese día en un torbellino (v. 1). Lo interesante es que Eliseo fue llevado en un *carro de fuego con caballos de fuego*, y Eliseo lo vio (vv. 11–12), pero los hijos de los profetas en

Jericó, solamente vieron el *viento* físico y más tarde pidieron que un equipo buscara durante tres días el cuerpo de Elías (vv. 16-18). Los hombres de Jericó vieron el torbellino, pero Eliseo vio el carro de fuego, el cual era invisible físicamente (v. 17). Un hombre vio el carro invisible y otros vieron el torbellino. Esto indica que la gente devota puede estar en diferentes niveles de percepción espiritual. Algunos tienen una mayor revelación espiritual que otros y mucho se debe a las bendiciones generacionales (Eliseo recibió una doble porción de la unción de Elías), así como también a la continua oración personal.

Puedo recordar diferentes ocasiones en las que he sentido un gran peso, una fuerte premonición de que algo sucederá pronto. El peso interno que he sentido, ha sido un peso que nunca antes había experimentado. Siempre le digo a mi esposa y a mis colaboradores más cercanos en el trabajo cuando me sobreviene este sentimiento de pérdida abrumador. Algunas veces la presión espiritual en mi corazón se hace tan fuerte, que dejo de trabajar y voy a casa a reflexionar y orar. No puedo disfrutar nada o estar con nadie, solamente con el Señor. Siempre que esto sucede, un familiar o amigo cercano muere de modo inesperado en cuestión de siete días. Debo confesar que cuando me sobrecoge esta angustia, no lo tomo a la ligera. Simplemente es el Espíritu Santo preparándome para la pérdida.

Cuando usted sueña una muerte, incluyendo la suya propia o tiene una premonición de que algo viene, lo más importante es que usted se sumerja en oración de intercesión. Cuando usted no está seguro por qué o por quién orar, el Espíritu Santo "intercede por usted"; Él ha sido enviado para ayudarlo en su vida personal de oración (Romanos 8:26-28). Al orar, usted puede tener una fuerte impresión de una persona en específico y se enfoca espiritualmente en esa persona. Este *puede ser* un indicio de la muerte de la persona por la que ora y sus oraciones evitarán su muerte prematura (Eclesiastés 7:17). Mi padre tuvo visiones en su mente en varias ocasiones de que algo malo sucedería y siempre entraba a su cuarto de oración para interceder. Normalmente entre veinticuatro y cuarenta y ocho horas después nos enterábamos de cuál era su carga.

En mi libro *Ángeles en misión* comparto un evento dramático en la vida de mi padre y su hermano Morgan. Esto ilustra el poder de la oración para evitar una *muerte* prematura.

A mediados de la década de 1980, mi papá se encontraba orando profundamente, cuando vio la visión de un accidente. Él vio claramente como un camión de carbón golpeaba un vehículo de frente y que la persona sentada del lado del pasajero había sido decapitada. Sintió que era una advertencia para su hermano Morgan que vivía en Virginia Occidental. Mi papá fue al teléfono e intentó llamar a Morgan varias veces en vano. Entonces le dijo a mi mamá: "Voy a la iglesia a orar, no dejes que nadie me moleste bajo ninguna circunstancia". Mi papá me dijo que intercedió bajo una carga de oración tan pesada que los músculos de su estómago le comenzaron a doler. Le suplicaba a Dios que salvara la vida de su hermano.

Después de una hora, escuchó que el Espíritu Santo le dijo: "Hijo, estás pidiéndome que salve la vida de uno que me ha conocido, pero que ha escogido intencionadamente alejarse de mí. No está caminando en pacto conmigo". Esto hizo que papá orara con mayor intensidad treinta minutos más, pidiéndole a Dios que extendiera su misericordia sobre Morgan. Entonces papá escuchó al Espíritu Santo hablándole de nuevo, diciendo: "Cuando pastoreabas en el Norte de Virginia, te mostré un ángel que estaría contigo cuando lo necesitaras. Si le pides al Padre que envíe a tu ángel a proteger a tu hermano, lo hará". Mi papá comenzó a pedirle al Señor que mandara a su ángel protector adondequiera que Morgan estuviera en ese momento.

Más tarde en la noche, mi papá habló con Morgan por teléfono y le dijo que había estado orando por él para que fuera salvo de la muerte. Morgan le contó su historia: esa mañana un amigo y él habían ido a la ciudad, y regresaban a casa en su camión. Morgan sintió la extraña necesidad de detenerse en un pequeño restaurante a pedir un refresco. Los vecinos de Morgan que vivían cruzando la calle, venían atrás de ellos en un automóvil, y siguieron de largo cuando el camión de Morgan dio vuelta en el estacionamiento del restaurante. Minutos después, Morgan y su amigo reanudaron el camino a casa. Para su sorpresa, cuando rodearon una curva a un poco más de un kilómetro y medio en el camino, descubrieron que un camión grande que llevaba carbón había chocado contra el automóvil de sus vecinos, matándolos a ambos y decapitando a la mujer que iba como pasajera. Mi papá le dijo: "¡Morgan, eso estaba planeado para ti, pero el Señor envió a su ángel a detenerte unos minutos para que no estuvieras en el camino de ese gran camión de carbón!". Ese incidente hizo que Morgan restaurara su relación con el Señor.[4]

¡Ya sea que experimente una visión, sueño o premonición, la oración es la clave para entender lo que ha sido planeado y algunas veces evitar una tragedia! La única manera de saber si la advertencia puede cambiar es buscar el rostro del Señor y pedirle que altere o cambie la situación peligrosa o que proteja a aquellos que usted ha visto en el sueño o visión de cualquier daño o peligro. Una vez más, he sido testigo de esto muchas veces en la vida de mi padre, cuando recibía advertencias acerca de familiares, feligreses u otras personas, y pasaba horas orando, pidiéndole a Dios que evitara la tragedia o alterara la situación.

Capítulo 10

LA LEY DEL SUEÑO DOBLE

Y al suceder el sueño de Faraón dos veces, signi-
fica que la cosa es firme de parte de Dios, y que
Dios se apresura a hacerla.

« GÉNESIS 41:32 »

Este pasaje en la historia de la interpretación de los sueños de Faraón en la vida de José, le brinda al lector un pedazo de sabiduría. El rey de Egipto había tenido dos sueños la misma noche. Podemos leer lo siguiente:

> Entonces Faraón dijo a José: en mi sueño me parecía que estaba en la orilla del río; y que del río subían siete vacas de gruesas carnes y hermosa apariencia, que pacían en el prado. Y que otras siete vacas subían después de ellas, flacas y de muy feo aspecto; tan extenuadas, que no he visto otras semejantes en fealdad en toda la tierra de Egipto. Y las vacas flacas y feas devoraban a las siete primeras vacas gordas: y estas entraban en sus entrañas, mas no se conocía que hubiesen entrado, porque la apariencia de las flacas era aún mala, como al principio. Y yo desperté. Vi también soñando, que siete espigas crecían en una misma caña, llenas y hermosas. Y que otras siete espigas menudas, marchitas, abatidas del viento solano, crecían después de ellas; y las espigas menudas devoraban a las siete espigas hermosas.
>
> —GÉNESIS 41:17-24

Ambos sueños se dieron seguidos en la misma noche, aunque el rey despertó unos momentos entre el primero y el segundo. Está claro que las vacas y las espigas flacas devorándose a las gordas, indicaban lo mismo: hambre. Sin embargo, debe resaltarse una verdad acerca del sueño espiritual que reveló José: tener el mismo sueño dos veces en una misma noche puede indicar que el sueño es firme y que sucederá (Génesis 41:25, 32).

En las Escrituras hay otro ejemplo de un sueño *doble*, un sueño en el que Dios llama el nombre de una persona dos veces. Normalmente leemos: "Entonces Jehová dijo a Abraham..." (Génesis 18:13), o: "Y habló Jehová a Moisés...", o: "Y Jehová dijo a Salomón..." (1 Reyes 11:11). Cuando el Señor se dirigía o le aparecía a una persona, en la mayor parte de las referencias de las Escrituras se indica que decía sus nombres *una vez*. Sin embargo, el Todopoderoso dijo el nombre de la persona *dos veces*, en varias ocasiones. Por ejemplo:

> Entonces el ángel de Jehová le dio voces desde el cielo, y dijo: Abraham, Abraham. Y él respondió: Heme aquí.
>
> —GÉNESIS 22:11

> Y vino Jehová, y se paró, y llamó como las otras veces: ¡Samuel, Samuel! Entonces Samuel dijo: Habla, porque tu siervo oye.
>
> —1 SAMUEL 3:10.

> Dijo también el Señor: Simón, Simón, he aquí Satanás os ha pedido para zarandearos como a trigo.
>
> —LUCAS 22:31

> Y cayendo a tierra, oyó una voz que le decía: Saulo, Saulo, ¿por qué me persigues?
>
> —HECHOS 9:4

Dios pronunció estos nombres dos veces para obtener la atención de una persona. El propósito era indicarle que una importante *transición* o *cambio* estaba en proceso. Dios llamó el nombre de Abraham dos veces para evitar que ofreciera a su hijo en el altar. Samuel era todavía un niño y Dios lo estaba preparando para transferir el liderazgo de Israel de la casa del sacerdote Elí a la de Samuel. El muchacho sería el próximo consejero de los primeros dos reyes de Israel, Saúl y David. Cristo mismo le había cambiado el nombre a Simón a Pedro (Mateo 16:17–18). Sin embargo, en Lucas 22:13, Cristo utilizó su antiguo nombre, Simón, y lo dijo dos veces. El Señor le advirtió a Pedro que Satanás estaba planeando una estrategia contra él, que estaba dirigida a sacudir su fe. El cuarto ejemplo en el que Dios dijo: "Saulo, Saulo", sucedió cuando el orgulloso fariseo de Jerusalén en ese mismo momento recibió una visitación de Cristo, lo cual lo llevó a su conversión en el camino a Damasco. El nombre de Saulo le fue cambiado a Pablo (Hechos 13:9).

Así como pronunciar el *nombre dos veces* captó la atención de la persona a quien se dirigía, un sueño doble en la misma noche es un indicador de que la cosa es firme de parte de Dios y que sucederá pronto. Hace muchos años, en el comienzo de mi ministerio tuve un sueño muy preocupante de serpientes. Durante el primer sueño, el simbolismo indicaba que algún tipo de dificultad (en realidad un ataque espiritual) vendría después de una reunión de avivamiento en una iglesia local. Este sueño fue inmediatamente seguido por un segundo sueño acerca de una serpiente que mordía mis pies y se levantaba para morder mi frente. Yo sabía que mis pies representaban llevar el evangelio (Romanos 10:15), y mi cabeza representaba mis pensamientos. No necesito decir que estaba muy preocupado por estas dos advertencias, ya que las serpientes en un sueño, siempre representan una gran dificultad en la forma de una prueba.

Varios meses después, el simbolismo que vi en aquellos sueños, el cual indicaba una prueba repentina, sucedió en una iglesia local. La repercusión de tal suceso fue tan intensa en esa temporada, que tuve que pelear una de las batallas mentales más difíciles de mi ministerio. Una parte que recordé del primer sueño, me ayudó a sostenerme a través de la prueba. En el sueño, cuando la serpiente me mordía los pies y la cabeza, escuché a una voz audible decir: "¡La serpiente te morderá, pero no te matará!". Estas palabras resonaron constantemente en mi mente en medio de la prueba. Sobreviviría de alguna manera, e incluso vencería el ataque al final. Y eso fue exactamente lo que sucedió.

¡POR QUÉ *DOBLE*!

Muchos creyentes han tenido un sueño que más tarde se cumplió y sin embargo, no soñaron lo mismo dos veces. El hecho de que usted tenga una visitación espiritual y esta no ocurra dos veces, no significa que ese único sueño no venga del Señor o que no sucederá. Sin embargo, puede haber una razón más profunda para que el sueño sea doble.

Hay un principio bíblico con respecto al poder que existe en el acuerdo, que se relaciona con el número dos. Cristo escogió doce discípulos (Lucas 9:1). Sin embargo, Él dividió a un equipo de setenta ministros en treinta y cinco equipos de dos cada uno, y los comisionó para enseñar y orar por las necesidades de los enfermos en todas las comunidades (Lucas 10:1). Se han dado especulaciones acerca de la razón de tener dos discípulos en cada equipo. El escritor de Eclesiastés dio la siguiente revelación:

> Mejores son dos que uno; porque tienen mejor paga de su trabajo. Porque si cayeren, el uno levantará a su compañero; pero, ¡ay del solo! que cuando cayere, no habrá segundo que lo levante. También si dos durmieren juntos, se calentarán mutuamente; mas, ¿cómo se calentará uno solo? Y si alguno prevaleciere contra uno, dos le resistirán; y cordón de tres dobleces no se rompe pronto.
> —ECLESIASTÉS 4:9–12

Existe un nivel de fortaleza que se multiplica cuando una persona se une a otra. La autoridad espiritual crece cuando dos están de acuerdo. Cristo dijo:

> De cierto os digo que todo lo que atéis en la tierra, será atado en el cielo; y todo lo que desatéis en la tierra, será desatado en el cielo. Otra vez os digo, que si dos de vosotros se pusieren de acuerdo en la tierra acerca de cualquiera cosa que pidieren, les será hecho por mi

Padre que está en los cielos. Porque donde están dos o tres congregados en mi nombre, allí estoy yo en medio de ellos.

—Mateo 18:18–20

Esta autoridad no es liberada solamente porque dos personas se encuentran en la misma habitación. Deben *estar de acuerdo* en aquello por lo que le están creyendo a Dios. La palabra griega para "estar de acuerdo" es *sumphoneo* y significa estar en armonía o, en este caso, decir lo mismo. Por ejemplo: cuando se le informa a una iglesia que uno de sus miembros está en el hospital en estado crítico y se les pide que oren algunos pueden levantarse y orar al Señor: "Padre, que se haga tu voluntad". Un segundo grupo puede orar: "Señor, ayúdalo de alguna manera". El tercer grupo puede tener fe y pedir: "Señor, entra en el cuarto y levántalo de su lecho de muerte". Y un último círculo de creyentes puede orar: "Dios, él ha tenido una larga vida. No lo dejes sufrir y llévatelo si eso es lo mejor". ¡Esto es lo que llamo una oración *al tanteo* o *improvisada*! Solamente hay unidad cuando el grupo pide lo mismo. En esta ilustración hay cuatro tipos diferentes de oración, sin un *acuerdo* entre la congregación. Posiblemente está sea la razón de la falta de respuesta en las oraciones de una congregación, ¡se disparan muchas flechas en diferentes direcciones, pero ninguna da en el blanco!

La autoridad es liberada cuando dos personas están de acuerdo. Lo mismo sucede con la presencia manifiesta del Señor. Cuando dos o tres están "congregados", Cristo está en medio de ellos. En todo el mundo, en algún momento puede haber dos o tres creyentes en una habitación sin sentir una presencia especial de Cristo. Entonces, ¿es mentira este versículo? No, porque la clave está en la palabra "congregados", que es más que solo estar juntos en un lugar. Se refiere a ser *dirigidos* al mismo lugar. Cuando se es dirigido por el Espíritu

Santo al congregarse, el Señor está en medio. ¡Todo lo que se necesita es por lo menos dos personas congregadas o unidas en un lugar!

Como Cristo lo reveló, la ley de Dios establecía la necesidad de dos testigos en un caso de homicidio. Un solo testigo no podía condenar a una persona, porque está escrito: "Cualquiera que diere muerte a alguno, por dicho de testigos morirá el homicida; mas un solo testigo no hará fe contra una persona para que muera" (Números 35:30). Podemos leer: "Por dicho de dos o tres testigos morirá el que hubiere de morir; no morirá por el dicho de un solo testigo" (Deuteronomio 17:6). Moisés le enseñó al pueblo que se mantendría la acusación por boca de dos o tres testigos (Deuteronomio 19:15).

La necesidad de por lo menos dos acusaciones para establecer un hecho entra en juego cuando comprendemos que Faraón tuvo un sueño, pero una segunda persona, José, interpretó el significado. De esta manera, dos hombres estuvieron de acuerdo en un momento inspirado que salvaría a Egipto y establecería el destino de la nación de Israel. El doble sueño es similar a dos testigos que pueden establecer un hecho. Cuando un sueño se duplica, eso significa que está confirmado y sucederá.

No recuerdo a muchos creyentes que hayan soñado lo mismo dos veces. Ciertamente es algo raro, pero una persona debe prestar atención y comprender que existe un precedente espiritual acerca de soñar algo dos veces.

Capítulo 11

APARICIONES ANGÉLICAS EN LOS SUEÑOS

*Y soñó: y he aquí una escalera que estaba apo-
yada en tierra, y su extremo tocaba el cielo; y he
aquí ángeles de Dios que subían y descendían
por ella.*

« Génesis 28:12 »

¿**Q**ué impresión visual experimenta cuando una persona dice "un ángel del Señor"? De niño veía un ser sobrenatural alto con aspecto de hombre con alas doradas conectadas a sus hombros y cabello rubio dorado. Su rostro brillaba como el sol de mediodía. En las Escrituras hubo numerosas apariciones de ángeles, sin embargo, hay pocas referencias que proporcionen una descripción detallada de su apariencia. En muchos casos, la apariencia se basa en el tipo de ángel del que habla el pasaje.

Por ejemplo, el profeta Daniel ayunó durante tres semanas para recibir la comprensión de una visión muy complicada que había tenido. Después de veintiún días, un ángel del Señor se le apareció y le dio una interpretación completa y detallada, que revelaba muchos eventos relacionados con el tiempo del fin (consulte Daniel 10–12). A continuación, una descripción del "hombre" que vio Daniel:

> Y el día veinticuatro del mes primero estaba yo a la orilla del gran río Hidekel. Y alcé mis ojos y miré, y he aquí un varón vestido de lino, y ceñidos sus lomos de oro de Ufaz. Su cuerpo era como de berilo, y su rostro parecía un relámpago, y sus ojos como antorchas de fuego, y sus brazos y sus pies como de color de bronce bruñido, y el sonido de sus palabras como el estruendo de una multitud. Y sólo yo, Daniel, vi aquella visión, y no la vieron los hombres que estaban conmigo, sino que se apoderó de ellos un gran temor, y huyeron y se escondieron.
>
> —DANIEL 10:4–7

Este ser masculino, un ángel estaba vestido de lino, el mismo material que visten los siete ángeles en el libro de Apocalipsis (Apocalipsis 15:6) y la misma tela blanca que visten los santos en el banquete de bodas del Cordero en Apocalipsis 19:8. El lino blanco representa la "justicia" (Apocalipsis 19:8). Este ángel llevaba un cinto de oro, similar a la descripción del cinto de oro (faja) que Cristo mismo vestía en la visión de Juan (Apocalipsis 1:13). La descripción del cuerpo de este ángel es interesante, tenía una apariencia como de berilo. El berilo puro es transparente, pero el berilo con impurezas puede parecer verdoso, azulado o amarillento. El berilo verdoso es similar al color de una esmeralda. Las calles del cielo son de oro, pero de oro transparente (Apocalipsis 21:21). Incluso el oro de veinticuatro quilates no es transparente. El oro del cielo debe tener un nivel de pureza no conocido en la Tierra. Si el berilo puro es transparente y parece cristal, entonces este ángel pudo tener un color translúcido vidrioso, casi como un holograma, con un poco de color que le recordó a Daniel el berilo, una apariencia verdosa amarillenta. Esto es importante, ya que los ángeles son *espíritus* y no pueden verse con ojos físicos.

El rostro de este ángel brillaba como el sol, la misma imagen que vio Juan cuando vio a Cristo en la visión escrita en Apocalipsis 1:16. Los ojos del ángel eran como "antorchas de fuego". En la antigüedad, se utilizaban lámparas de aceite para alumbrar un edificio en la noche. Cuando está encendida, una lámpara de aceite forma una flama que puede asemejarse a la forma de los ojos humanos. Cristo también es identificado con ojos "como llama de fuego" en Apocalipsis (v. 14). El cuerpo, brazos y pies del ángel de la visión de Daniel eran similares al bronce bruñido. Las mismas palabras se utilizan para identificar a Cristo cuando Juan escribió que "sus pies semejantes al bronce bruñido, refulgente como en un horno" (v. 15). Cuando se extrae el bronce, este tiene una mezcla de cobre y zinc; así toma un color dorado brillante después de ser refinado en el fuego. La imagen aquí es que el ángel tenía una apariencia dorada muy reflectante. Cuando el ángel habló, su voz sonaba como multitud de voces combinadas. Una vez más, Juan utilizó palabras similares para describir a Jesús cuando escribió: "y su voz como estruendo de muchas aguas" (v. 15).

Los teólogos han observado similitudes entre el ángel

no identificado en Daniel y la apariencia de Cristo en Juan y Apocalipsis 1. Ellos identifican a la visión de Daniel como *teofanía*, una palabra griega que significa "apariencia de Dios". En la concepción cristiana y judía, una teofanía es "cualquier manifestación directa de la presencia de Dios". Esto incluiría las ocasiones en la Biblia en que Dios se les manifestó a sí mismo a los hombres. Algunos teólogos creen que el ángel en la visión de Daniel en realidad era Cristo mismo apareciéndole. La dificultad de esta teoría es que el príncipe demoníaco de Persia detuvo a este ángel del Señor durante veintiún días y Dios asignó a un arcángel poderoso llamado Miguel para ayudar a este ángel, proporcionándole la capacidad de ser liberado de su guerra y así aparecerle a Daniel. ¡Yo no puedo concebir a Cristo preencarnado siendo detenido por un espíritu demoníaco! Sin embargo, los ángeles sí pelean con las fuerzas demoníacas (consulte Daniel 10 y Apocalipsis 12:7–10). Esta es solamente la descripción de un ángel.

Sabemos que los seres angélicos pueden aparecer en forma de luz y fuego. El profeta Eliseo vio "caballos y carros de fuego" en dos ocasiones. El primer encuentro sucedió cuando su maestro, Elías fue transportado al cielo en un carro de fuego, llevado por caballos espirituales que también se manifestaron en forma de fuego (2 Reyes 2). Cuando el ejército asirio se preparaba para capturarlo, Eliseo también vio un círculo de protección a su alrededor y de su sirviente. Eliseo vio caballos y carros de fuego" (2 Reyes 6:17).

Cuando hombres como Ezequiel, Daniel y Juan tuvieron visiones del cielo, identificaron a varios tipos de ángeles, tales como querubines, serafines y seres vivientes (consulte Ezequiel 1; Isaías 6:1–3; Apocalipsis 5). Estos ángeles son seres que ministran ante el trono de Dios eternamente y su descripción de color de bronce, muchas alas y ojos, y su apariencia como águila, león y hombre son asombrosas y casi imposibles de comprender. Sin embargo, cuando los ángeles ministradores aparecen en sueños, en visiones o en la Tierra con una advertencia o instrucción, rara vez aparecen en estas formas de mayor nivel.

LOS ÁNGELES QUE TOMAN FORMA DE HOMBRES EN LOS SUEÑOS

Especialmente en el Antiguo Testamento, los ángeles les aparecían a los patriarcas y profetas en forma de hombre. Estas apariciones algunas veces sucedían de forma física y otras en forma de sueños y visiones. En el tiempo de Abraham, el Señor y dos ángeles visitaron su tienda, en donde comieron y el Señor negoció con Abraham su salida de Sodoma. Después de que el acuerdo fue cerrado, los dos ángeles viajaron a Sodoma y fueron confundidos con hombres. Evidentemente no llevaban lino blanco ni tenían alas doradas. El tono de su piel era muy similar al de los hombres. En el libro de Hebreos, el escritor nos informa que debemos ser prudentes al recibir a extraños, porque no sabemos si son ángeles (Hebreos 13:2).

Un ángel puede aparecer en forma de hombre en un sueño espiritual. Tuve una importante experiencia en 1988 que aún permanece en mi memoria, en la que me dieron una instrucción directa en un sueño, relacionada con el futuro de mi ministerio. Estaba predicando en una carpa en Leeds, Alabama, en una reunión de avivamiento que se había extendido cuatro semanas. En la madrugada, mientras dormía profundamente, entré en un sueño/visión, el cual era muy claro e intenso. En él subí un monte, crucé un camino pavimentado y vi una serie de escalones de concreto. Vi unas torres de televisión con antenas satelitales y a un hombre de piel aceitunada y un hermoso cabello blanco como de un metro noventa de estatura, vestido con un traje negro junto a la torre de televisión. El hombre me dijo: "Hijo, si obedeces al Señor, Dios te dará esto". Entonces continuó dándome tres instrucciones del

Señor que necesitaban mi obediencia, de recibir la llenura de la bendición de Dios y ministrar al mundo en la televisión. En ese tiempo, yo no tenía una cámara de televisión, un estudio y no sabía nada acerca del ministerio por televisión.

Cuando se disipó el sueño/visión estaba completamente despierto y recordaba cada detalle de lo que había visto. Le dije a mi esposa y al líder de la junta directiva, Richard Towe. Rick respondió: "¡El Señor ya me había hablado al espíritu diciendo que tendrás un importante programa de televisión en el futuro!". Aquella fue una confirmación.

Al platicarle a mi padre esta maravillosa experiencia, le pregunté: "Papá, ¿quién crees que era el hombre que me habló?".

Me respondió: "Es obvio". Y continuó: "Primero, te llamó 'hijo'. Yo soy tu padre terrenal, pero Dios les llama a los creyentes, hijos. Debido a que este hombre te trajo un mensaje directo del Señor, este era un mensajero divino o un ángel del Señor".

Yo le dije: "Siempre pensé que si un ángel aparecía en un sueño, vestiría una bata blanca con un tono dorado y posiblemente unas cuantas alas". Mi papá me recordó a los ángeles que habían ido a Sodoma y al ángel que peleó con Jacob, que es descrito como "un varón". Sin embargo, este "varón" era en realidad un ángel (Génesis 32:24–30). De hecho, después, ¡Jacob confesó: "Vi a Dios cara a cara", y vivió para contarlo (v. 30)!

Mi papá también observó que en su ministerio, cuando el Señor le daba un sueño o visión espiritual, cuando el hombre del sueño se dirigía a él como "hijo mío", "hijo" o "siervo mío", la persona en el sueño/visión era un mensajero del Señor o un ángel del Señor.

Esta importante de información que me dio mi sabio padre, Fred Stone, me ha sido de gran ayuda a través de los años cuando tengo un sueño o visión con un simbolismo e imágenes bíblicas y veo a un hombre que parece una persona común pero que trae un mensaje del Señor.

El libro de Ezequiel es un libro profético importante con advertencias y matices apocalípticos. Ezequiel vio los cielos abiertos y a cuatro seres vivientes llevando el trono de Dios en la tierra (Ezequiel 1). Experimentó la visión de los huesos secos (Ezequiel 37), la guerra de Gog y Magog (Ezequiel 38-39) y el templo milenario futuro en Jerusalén (Ezequiel 40-48). ¡El Señor le apareció a Ezequiel y lo llamó "hijo de hombre" noventa y tres veces en el libro de Ezequiel!

Los creyentes son llamados "hijos de Dios" bajo el pacto de redención (Juan 1:12; 1 Juan 3:2).

Realmente creo que una de las razones por las que el Señor le permite a un ángel aparecer en forma de un hombre normal en un sueño es porque las respuestas mentales, físicas y espirituales que daríamos si el Señor nos mostrara toda la gloria de un querubín, serafín o un ser viviente, serían demasiado abrumadoras para nosotros. Cuando los hombres de la Biblia vieron a los ángeles en toda su gloria, ¡caían a tierra! En Daniel 10, Daniel estaba boca abajo cuando vio al ángel. Los hombres que estaban con él no vieron nada, pero también comenzaron a temblar y escaparon de la escena (Daniel 10:7-9). Abraham se postró cuando escuchó la voz del Señor (Génesis 17:3). Josué cayó cuando vio al "Príncipe del ejército de Jehová" cerca de Jericó (Josué 5:14). Incluso el asna de Balaam se echó ante la presencia de un ángel (Números 22:27). Durante la visión de Juan de Cristo resucitado cayó "como muerto a sus pies" (Apocalipsis 1:17).

Ver un ángel en una visión a todo color, tridimensional provoca temblor, temor y una respuesta física. He experimentado *pesadillas* en las que despierto sintiendo que mi corazón se me sale del pecho. Si el Señor nos permitiera ver a un ángel en toda su gloria en una visión abierta o nocturna, ¡muchos de nosotros no podríamos resistirlo! ¡Sufriríamos un ataque cardiaco! Es por esto que pienso que Dios envía a un ángel en forma de humano para evitar el *impacto* de la mente y del cuerpo humano, si viéramos la completa manifestación y gloria del Reino del cielo y del mundo espiritual.

ÁNGELES CON REVELACIONES NUEVAS

Si usted experimenta un sueño en el que el Señor lo llama hijo o hija, y un *ángel* le lleva un mensaje del Señor, siempre recuerde que los mensajes del cielo siempre irán de acuerdo con las Escrituras. A mí me fascina leer todo tipo de libros, artículos de noticias y comentarios. Recuerdo haber leído un artículo largo hace meses, en el que una importante *vidente cristiana* afirmaba tener visitaciones de un ángel que le proporcionaba información importante de "fuentes celestiales" diversas. Sin embargo, había un gran problema, debido a que sus "mensajes" indicaban que había otras fuentes de redención fuera de Jesucristo. En realidad estaba predicando acerca de las tradiciones que pueden encontrarse entre algunos que aseguran que existe una segunda fuente de intercesión y perdón de los pecados además de Cristo. En ese punto, cualquier supuesto mensajero, no es del Señor. Por ello, Pablo escribió:

> Mas si aún nosotros, o un ángel del cielo, os anunciare otro evangelio diferente del que os hemos anunciado, sea anatema. Como antes hemos dicho, también ahora lo repito: Si alguno os predica diferente evangelio del que habéis recibido, sea anatema.
>
> —Gálatas 1:8–9

Existen dos religiones conocidas y populares que se basan en los mensajes y revelaciones de ángeles a sus fundadores, incluyendo mensajes del ángel Gabriel. He estudiado ambas religiones y sus creencias, y el supuesto ángel contradecía completamente la Palabra inspirada por Dios. En un caso, el fundador aseguraba que Gabriel le había revelado que Dios no tiene hijo y que Jesús no es el Hijo de Dios. Por supuesto, nosotros podemos leer el relato en Lucas del mensaje que Gabriel le dio a María acerca de que el hijo que estaba en su vientre sería "llamado Hijo de Dios" (Lucas 1:35). Por lo tanto, ¡el verdadero Gabriel no va a cambiar de opinión para traer una nueva revelación, más de seiscientos años después de la concepción de Cristo! La mujer *vidente* y otros como ella aseguran canalizar espíritus angélicos. Aquellas personas que desconocen o que están ajenas a las Escrituras puede caer presas de una falsa doctrina, e incluso caer en herejía al creer que existen otras fuentes de redención, donde incluso existen *corredentores* además de Cristo. La Biblia es clara: "Y en ningún otro hay salvación; porque no hay otro nombre bajo el cielo, dado a los hombres, en que podamos ser salvos" (Hechos 4:12).

En una visión o sueño, un ángel del Señor puede darle ciertas instrucciones o indicaciones, pero un visitante real nunca contradirá la revelación de las Escrituras. Si el mensaje provoca división, se desvía de Cristo y presenta otras formas de redención, este era un ángel de luz falso. Pablo advierte acerca de tal cosa en 2 Corintios 11:13–15:

> Porque éstos son falsos apóstoles, obreros fraudulentos, que se disfrazan como apóstoles de Cristo. Y no es maravilla porque el mismo Satanás se disfraza como ángel de luz. Así que, no es extraño si también sus miembros se disfrazan como ministros de justicia; cuyo fin será conforme a sus obras.

¡LOS ÁNGELES PUEDEN TOMAR FORMA DE MUJER EN LOS SUEÑOS?

En diferentes ocasiones ha habido creyentes devotos y bíblicamente sanos, quienes han asegurado haber recibido una palabra personal importante del Señor en un sueño, en el que la persona era un ángel del Señor, pero su apariencia era más semejante a la de una mujer que a la de un hombre. Antes cuestionaba la razón por la que podría suceder esto o pensaría que la persona posiblemente no lo vio claramente. Sin embargo, después de escudriñar la Biblia, me asombré bastante al leer un singular pasaje del profeta Zacarías, que describe a los ángeles con apariencia femenina:

> Alcé luego mis ojos, y miré, y he aquí dos mujeres que salían, y traían viento en sus alas, y tenían alas como de cigüeña, y alzaron el efa entre la tierra y los cielos.
> —Zacarías 5:9

Cuando lo leí, primero examiné la palabra *mujeres*, la cual aparece en el texto hebreo. La palabra es *ishshah*, una palabra femenina utilizada para hombre o mujer. El profeta indicaba que estas dos "mujeres" tenían alas como de cigüeña. Algunos comentaristas mencionan que la cigüeña es un ave inmunda (Levítico 11:19), así que estas dos figuras angélicas en realidad son símbolos del mal en la tierra de Sinar. Yo creo que el profeta simplemente intenta identificar cómo se veían las alas cuando vio a estas dos levantar el efa y llevarlo a la tierra de Sinar. Una cigüeña tiene alas largas que salen de su lomo. Esta es la imagen que esboza el profeta. Estas dos mujeres también tienen viento en sus alas. Aunque algunos sugieren que esta frase es una metáfora, la Biblia nos dice que durante la tribulación, los ángeles son vistos "deteniendo los cuatro vientos de la tierra" (Apocalipsis 7:1).

Al sugerir que posiblemente existan ángeles en el cielo con apariencia de mujer, la primera reacción es recordar cuando se le preguntó a Cristo acerca de la resurrección de los muertos y el casamiento en el cielo, Él respondió: "Porque cuando resuciten de los muertos, ni se casarán ni se darán en casamiento, sino serán como los ángeles que están en los cielos (Marcos 12:25–26). Cuando se estudia la Biblia, existen pasajes que revelan una verdad directa y clara; y en otras ocasiones, pueden *deducirse* algunas verdades del versículo y se puede insinuar algo de lo dicho. Por ejemplo, cuando la Biblia dice que "se pondrán una marca en la mano derecha, o en la frente; y ninguno podrá comprar ni vender, sino el que tuviese la marca" (Apocalipsis 13:16-17), este pasaje no dice que cuál es la marca o cómo se lograría que la población mundial compre o venda con ella. Sin embargo, con las computadoras y la tecnología de identificación podemos ver cómo podría cumplirse este versículo.

Cuando se le preguntó acerca del matrimonio en el cielo, ¿por qué Cristo no dijo: "Por supuesto que no hay matrimonio en el cielo, ya que todos los ángeles son hombres y por lo tanto, no hay mujeres con quienes casarse"? Él dijo: "Ni se casarán ni se darán en casamiento, sino serán como los ángeles que están en los cielos". El versículo es discreto y sin embargo, lo que *insinúa* es que hay una posibilidad de que haya ángeles femeninos y masculinos en el cielo. Sin embargo, no existe matrimonio entre los ángeles del cielo.

Si estas dos mujeres que llevaban el efa eran de género femenino y la palabra hebrea indica que lo son, y que son *espíritus malignos* y no ángeles del Señor, entonces esto indicaría que hay espíritus femeninos en el reino satánico. Si el reino de Satanás consiste de ángeles caídos y estas dos mujeres eran ángeles caídos, entonces su apariencia sería como la de los ángeles antes de que los ángeles malignos fueran echados del cielo con Satanás.

Posiblemente la manera menos controversial de interpretar lo anterior, de acuerdo con algunos eruditos, sea decir que al profeta le parecieron como mujeres, pero que no lo eran. Esto es parecido a las extrañas langostas demoníacas que salieron del abismo durante la tribulación y que "sus caras eran como caras humanas" y "tenían cabello como cabello de mujer" (Apocalipsis 9:7-8)- En las culturas antiguas, las mujeres se

dejaban el cabello muy largo. Juan describió que la apariencia
misma del cabello, o la manera de arreglarse el cabello de estas
criaturas era semejante a cabello de mujer. Si estas dos mujeres
simplemente tenían el cabello largo y su rostro era femenino,
el argumento es que todos los ángeles en las Escrituras tienen
apariencia masculina, excepto estos dos.

Sin embargo, en la mayoría de los sueños y las visiones
espirituales, el mensajero aparecerá con forma masculina. Es
posible que Dios permita que un ángel aparezca como mujer en
un sueño, pero esto ciertamente sería un caso extraño. ¡Posiblemente la controversia se aclarará cuando lleguemos al cielo!

Desde luego, es posible que un creyente pueda experimentar
un sueño o visión en el que aparezca el ángel del Señor con
ropa brillante con una forma glorificada. Algunas veces, antes
de partir algunos creyentes dicen ver a seres queridos fallecidos
o a seres celestiales con forma de ángel antes de su muerte. Esto
no es poco común, ya que las Escrituras indican que los ángeles
están asignados para asistir al creyente en el momento de dejar
su cuerpo físico al morir. En Lucas 16, cuando murió el men-
digo, este fue llevado por ángeles al paraíso de Dios, conocido
en ese tiempo como "el seno de Abraham" (Lucas 16:22). En
estos casos, a menudo la gente describe la apariencia de los
ángeles como seres brillante con vestiduras blancas, de pie en
la habitación o cerca de la cama. Si el alma del que está a punto
de morir está viendo realmente al ángel o una *visión abierta*,
sólo el Señor lo sabe. ¡El hecho es que los ángeles han aparecido
y aparecen en sueños como lo indican ambos Testamentos!

En resumen:

- Dios puede permitir que un mensajero angélico
  aparezca en un sueño o visión.

- El ángel en general aparecerá con forma
  masculina y rara vez femenina.

- El ángel a menudo se dirigirá a usted como hijo o hija.

- El ángel le informará que el mensaje proviene del Señor.

- El mensaje será congruente con la Palabra de Dios.

Deseo aclarar que bíblicamente no debemos adorar o buscar a los ángeles. Los mensajeros angélicos de Dios están comisionados para ministrar a través de la voz de Dios mismo y responden solamente a la Palabra de Dios (Salmos 103:20). Cualquier aparición angélica en un sueño, visión o una posible aparición en *forma humana* está completamente controlada por la soberanía del Todopoderoso y basada en el pacto de su Palabra.

Capítulo 12

¿POR QUÉ EL SIMBOLISMO, ACASO DIOS NO LO PUEDE MOSTRAR *TAL COMO ES?*

Aconteció que pasados dos años tuvo Faraón un sueño. Le parecía que estaba junto al río; y que del río subían siete vacas, hermosas a la vista y muy gorda, y pacían en el prado. Y que tras ellas subían del río otras siete vacas de feo aspecto y enjutas de carne, y se pararon cerca de las vacas hermosas a la orilla del río; y que las vacas de feo aspecto y enjutas de carne devoraban a las siete vacas hermosas y muy gordas. Y despertó Faraón.

« GÉNESIS 41:1-4 »

Una de las características de mi ministerio es la enseñanza de la profecía bíblica. En la actualidad, cada vez más gente está consciente de las visiones y los sueños antiguos de los profetas bíblicos y están escudriñando las páginas de la Santa Biblia para abrir los códigos enigmáticos y pasajes extraños que han dejado perplejos a los eruditos en las generaciones pasadas. Cuando le pregunto a un creyente por qué no estudia o lee los libros apocalípticos de las Escrituras, siempre parece haber una respuesta común: "No comprendo el simbolismo que utiliza y entonces no lo estudio". Lo mismo sucede con un sueño espiritual real.

Curiosamente, la mayoría de los sueños espirituales contienen instrucción, advertencias o una revelación importante que a menudo están disfrazadas en simbolismos. Mucha gente que ha tenido algún sueño espiritual podría describir el acontecimiento como la consecuencia de haber comido mucha pizza antes de ir a dormir en la noche. Así como algunas personas pueden ser un poco perezosas para escudriñar los símbolos proféticos y descubrir revelaciones dinámicas, la actitud de algunos creyentes es: "Bueno, ¡si Dios desea mostrarme algo puede hacerlo!". Esto toca un buen punto: ¿por qué el Señor no le muestra simplemente lo que sucederá sin el simbolismo que a menudo acompaña un sueño espiritual? Creo haber encontrado la respuesta.

En primer lugar, la mayoría de la gente sueña muchas cosas a lo largo de la noche. En la mayoría de nuestros sueños estamos con amigos o familiares y con otros conocidos, posiblemente en un viaje, en un servicio en la iglesia o de vacaciones y ese es un *sueño normal*. Entonces una noche usted tiene un sueño un poco diferente a los demás. En este sueño usted ve nubes oscuras arrastrándose del cielo lentamente hacia su casa. Al acercarse a la puerta, usted ve una serpiente larga en la entrada, buscando entrar. Ve una espada, la toma y ataca a la serpiente hasta que la mata y entonces entra. Cuando despierta, usted sabe que no ha sido un sueño normal. Se da cuenta de que en la Biblia una serpiente es Satanás (o un enemigo) y la puerta es la entrada a su casa. ¡Una espada en las Escrituras es "la palabra de Dios" (Hebreos 4:12) y usted tomó la espada (la Palabra) para atacar al enemigo que intentaba entrar en su casa! El simbolismo fue interpretado utilizando la Biblia y el sueño es una advertencia de que alguien o algo está intentando entrar en su casa. ¡Usted necesita pelear con ello con la Palabra hablada de Dios!

¡El punto es que sin el simbolismo sería difícil saber si sus sueños son solamente un sueño normal más o un sueño de parte de Dios! Cuando Faraón soñó, vio siete vacas gordas y siete vacas flacas, y siete espigas gordas y siete espigas flacas cerca del río Nilo. Las vacas comen grano y necesitan agua. Sin grano y agua, las vacas enflacan o mueren. El grano necesita agua para crecer; sin agua, el grano se marchita. La interpretación era clara: se acercaba escasez de lluvia, lo cual llevaría a la hambruna. El grano era plantado anualmente; por lo tanto, siete espigas es un ciclo de siete años. José comprendió que esto era un periodo de hambruna de siete años. ¿De que otra manera hubiera podido advertirle Dios al rey? El simbolismo preocupó a Faraón y lo impulsó a buscar a un hombre capaz de interpretarlo. ¡De haber sido un simple sueño, los magos de Faraón hubieran podido revelar el significado y José hubiera permanecido en prisión!

Lo mismo sucedió con Daniel. El rey Nabucodonosor soñó un ídolo metálico que parecía un hombre. La cabeza era de oro, el pecho y los brazos eran de plata, los muslos eran de bronce, las dos piernas de hierro y los dos pies y sus dedos eran una mezcla de hierro y barro cocido (consulte Daniel 2). El rey estaba muy preocupado por no poder recordar el sueño. Daniel fue llamado y no solamente reveló el sueño, sino que también proporcionó el significado, revelando que los diferentes metales eran diferentes imperios que se sucederían uno tras otro. ¿Cómo es que Daniel supo que ese era el significado?

En el tiempo de Daniel, los persas (vecinos de los babilonios) creían que los imperios mundiales eran semejantes a un hombre con siete metales diferentes. Aunque no comprendió el significado de su sueño, Nabucodonosor también conocía esa creencia persa. Babilonia (la cabeza de oro) había acumulado grandes cantidades de oro, incluso oro del templo de Jerusalén. Los persas (que representaban el pecho y los brazos de plata) recolectaban el dinero de los impuestos en monedas de plata. Algunos incluso tenían arneses de plata en sus caballos. Debido a que Grecia y Roma eran futuras, ¡hubiera sido imposible para Daniel dar el significado sin tener la inspiración del Señor!

En las visiones apocalípticas registradas en el libro de Daniel, incluso los animales son utilizados e identificados con ciertos imperios. Sin embargo, en mi estudio llegué a la conclusión de que estas eran imágenes ya existentes entre los antiguos. Por ejemplo, los imperios antiguos y modernos tienen símbolos de animales utilizados para representar a sus imperios, que son las mismas imágenes que se encuentran en los cielos. Daniel capítulos 7 y 8 habla de un león, un carnero y una cabra.

Emblema	Imperio	Símbolo Celestial	Emblema Paralelo
León	Babilonia	Emblema de león en el cielo	Leo
Carnero	Media-Persia	Emblema de carnero en el cielo	Aries
Cabra	Grecia	Emblema de cabra en el cielo	Capricornio
Águila	Roma/Estados Unidos/Rusia	Emblema del águila en el cielo	Aquila
Dragón	China	Emblema del dragón en el cielo	Draco
Oso	Rusia Moderna	Emblema del oso en el cielo	Osa Mayor

SUEÑO SIMPLE Y SUEÑOS COMPLICADOS

Algunos sueños importantes son muy sencillos y otros están cubiertos de simbolismos. Cuando mi padre era adolescente estalló la Guerra de Corea y muchos jóvenes de Virginia Occidental fueron reclutados en el ejército. Las fuerzas armadas reportaron que faltaban dos hombres del área de Bartley, Virginia Occidental, a saber C. N. Morgan y Dale Smith, y que los suponían muertos en batalla. El ejército estaba dispuesto a pagar la indemnización a los padres. La madre de uno de los soldados era una ferviente cristiana y fiel miembro de la iglesia a la que asistía mi papá en Atwell, Virginia Occidental. Ella pidió oración una noche diciendo: "¡Yo no creo que mi hijo esté muerto y deseo que los santos se unan conmigo en oración para pedirle a Dios que lo encuentre y lo traiga a casa conmigo!". Algunos creyentes pensaron que ella estaba negando la realidad, mientras que otros se levantaron en fe con ella.

Poco tiempo después, mi papá tuvo un sueño en el que vio a ambos jóvenes en condiciones bastante precarias, presos en un campo de prisioneros de Corea del Norte. Vio a Dale Smith hundiéndose en el fango y sosteniéndose de un alambre de púas. En el sueño, Smith habló y dijo: "Hermano Fred, por favor, dígale a mi madre que estoy vivo y prisionero en este campo. Si ella y los santos oran, Dios va a liberarnos y llevarnos a casa seguros". ¡Mi papá se puso en contacto inmediatamente con la madre para informarle que ambos soldados estaban vivos, pero que necesitaban orar para que los liberaran! Algunos de los creyentes mayores sintieron que mi papá le estaba dando falsas esperanzas a la madre y que el sueño era una cortina de humo salida de una imaginación inquieta y optimista. Otros recibieron la palabra y comenzaron una continua intercesión para su liberación.

Seis meses después, mi papá regresó a casa de predicar en una reunión de avivamiento. Cuando bajó del autobús vio un

periódico local con el titular: "Dos hombres intercambiados
en la Prisión de Pan—Mangon". El escritor reportaba que
había ocurrido un intercambio de prisioneros entre Estados
Unidos y Corea del Norte y que los hombres faltantes de Virginia Occidental habían sido liberados como parte del intercambio. ¡No necesito decir que hubo, como solían decir antes,
una fiesta en Sión cuando la noticia se difundió en la iglesia!

Este sueño fue simple con un significado claro. Los hombres estaban perdidos, pero estaban detenidos en un campo. Si
los creyentes oraban, serían liberados. Sin simbolismos, simplemente un mensaje con un significado.

Muchos años después, mi papá tenía treinta años, cuando su
hermano Lewis Stone fue enviado a Vietnam. Puedo recordar
a mi papá pidiéndonos que oráramos por Lewis, y él siempre
lo llevaba en el corazón. Una noche de diciembre, mi papá
se recostó en la habitación para dormir. Cuando se quedó
dormido, de pronto fue despertado por una luz que venía a
la habitación a través de una ventana que se encontraba del
lado de la calle. Asumió que un coche estaba dando la vuelta,
cuando de repente escuchó una voz que le dijo: "Recuéstate,
deseo mostrarte algo". Obedeció a la voz e inmediatamente
tuvo una visión a todo color. Fue llevado en su mente o en su
espíritu a Vietnam. Ahí vio un grupo de infantes de marina
cavando una zanja para la noche. Frente a ellos había un
campo de pasto alto. Al final del campo había varios árboles.
Mi papá vio tres serpientes arrastrándose en la tierra con rifles
atados en el lomo, dos de ellas traían un cuchillo en el hocico.
Se arrastraban lentamente hacia los infantes de marina y mi
papá sabía que aquella era una emboscada. Mi papá observó
los alrededores y de pronto salió de la visión mientras su
corazón latía fuertemente.

Sin saber qué hacer con la información, se sentó y le escribió
una carta a Lewis dándole estos y otros detalles que recordaba. Mi papá le envió la carta orando que Dios le permitiera

a Lewis recibirla a tiempo. Muchas semanas después, mi papá supo de Lewis y las palabras de apertura fueron: "Fred [...] tu sueño fue real [...]". Continuó describiendo que el día en que estaban cavando les pusieron una emboscada, y que mataron a tiros al líder de la patrulla. De los ochocientos hombres que fueron a Vietnam con la compañía de Lewis, solamente ocho regresaron, Lewis Stone siendo uno de ellos.

Otros sueños y visiones están escondidos detrás de simbolismos. Hace años mientras viajaba por Roma, Italia, pensaba en la razón por la que el libro de Apocalipsis está escrito con tanto simbolismo. Se me ocurrió que los capítulos 17 y 18 hablan del misterio de la destrucción de Babilonia, la ciudad que gobierna sobre los reyes de la tierra. Muchos eruditos creen que es una referencia críptica a la ciudad de Roma, donde se encontraba el centro del Imperio Romano en los días de Juan. Si Juan predijo la destrucción total de Roma y utilizó el simbolismo de Babilonia para ocultar el significado, entonces está claro por qué Dios eligió como símbolo a una mujer montando una bestia. Si Juan hubiera afirmado claramente que la gran ciudad de Roma sería juzgada y destruida en el futuro, entonces el gobierno romano, que lo había confinado a una isla desolada en Patmos (Apocalipsis 1:9), se habría negado a que Juan llevara el rollo apocalíptico con él cuando fue liberado de la cautividad. La profecía de Juan acerca de la desaparición de Roma hubiera sido considerada como propaganda antirromana, y el libro de Apocalipsis hubiera sido confiscado y destruido para nunca ser leído en ninguna iglesia.

Imagínese cuando los captores romanos de Juan le pidieron ver sus escritos y leyeron acerca del dragón rojo volador, de una mujer con una corona de doce estrellas que daba a luz en el cielo y de una mujer sostenida por una bestia de diez cuernos. Posiblemente pensaron: "¡Este viejo ha estado en una cueva durante mucho tiempo y necesita aire fresco!". El extraño simbolismo pudo haber protegido el rollo de tal modo que pudo ser copiado y leído por la iglesia del primer siglo.

Aunque algunas veces pueda parecerle a un creyente promedio difícil saber si un sueño es natural o espiritual, existen varias pautas importantes que he utilizado durante varios años de ministerio para determinar la diferencia. Primeramente, muchos sueños *naturales* o carnales no tienen un orden particular y brincan de escena en escena, de persona en persona o de una circunstancia a otra. Por otro lado, un sueño espiritual normalmente tiene un orden o progresión. Un sueño espiritual también tiene un simbolismo, el cual se utilizó en el Antiguo y en el Nuevo Testamentos. Un ejemplo es la serpiente que, a lo largo de las Escrituras, es usada como una referencia a Satanás o a un adversario.

SIMBOLISMOS Y PATRONES BÍBLICOS

En los principios de la interpretación bíblica existe lo que se denomina la "ley de la primera mención". Este principio de la hermenéutica afirma que cuando un objeto, número, color o símbolo se menciona por primera vez en la Biblia, se establece un patrón para tal objeto, número, color o símbolo en toda la Biblia. Comencemos con ciertos números Bíblicos.

El número cuatro aparece en Génesis cuando Dios creó el sol, la luna y las estrellas en el cuarto día (Génesis 1:16–19). Más tarde se menciona cuando Moisés escribió que existen cuatro ríos que salían del jardín del Edén (Génesis 2:10). Más tarde descubrimos que existen cuatro direcciones en la tierra: norte, sur, este y oeste. Por lo tanto, desde el comienzo de las Escrituras, el número cuatro es un número terrenal. Cuatro evangelios revelan el ministerio terrenal de Jesús. Los cuatro seres vivientes alrededor del trono revelan los cuatro poderes de la tierra: el buey, el animal cuadrúpedo doméstico más poderoso;

el águila, reina entre las aves; el león, el rey de las bestias; y el hombre, a quien se le dio el dominio sobre la creación.

El hombre fue creado en el sexto día y el número seis siempre se ha considerado en los números bíblicos como el número del hombre o de la humanidad. Cuando David peleó con Goliat, el gigante medía seis codos (1 Samuel 17:4). Se les ordenó a los hebreos arrodillarse ante la imagen de Babilonia cuando se tocaran seis instrumentos al unísono (Daniel 3:5). La futura marca de la bestia es 666 (Apocalipsis 13:18).

El número siete es mencionado en Génesis 2. Cuando Dios terminó la creación: "reposó el día séptimo" (Génesis 2:2). Esta imagen del número siete se refiere a un ciclo de descanso, finalización o perfección. Los ciclos de *descanso* son: cada séptimo día en el día de reposo; seguido de un ciclo sabático cada séptimo año; seguido de siete años de siete ciclos sabáticos (cuarenta y nueve años). En cada ciclo de siete días, siete años o siete siclos de siete años, descansaba el pueblo, los animales y la tierra (Levítico 25:1–7).

El uso del número siete para representar finalización o perfección puede verse en los siete sellos, siete trompetas y siete juicios en Apocalipsis (capítulos 5, 8 y 15). Jesús habló siete dichos desde la cruz antes de completar su obra redentora. La palabra *siete* o *séptimo* se utiliza 583 veces en las Escrituras y siempre está relacionada con las cosas de Dios, el reino de Dios o el futuro profético en cuando a Dios.

Otro número que comúnmente encontramos en la Biblia es el cuarenta. Este número representa un periodo de prueba. Es referido en la historia del diluvio de Noé, en donde la lluvia cayó durante cuarenta días y cuarenta noches. Después de que cesó la lluvia, Noé experimento un segundo periodo de prueba al tener que esperar en el arca cuarenta días más, antes de que la paloma regresara con una rama de olivo. Más tarde leemos que Goliat se burló del ejército hebreo durante cuarenta días antes de ser asesinado por David. ¡Cristo fue tentado por el enemigo durante cuarenta días en el desierto de Judea! Evidentemente, el número cuarenta es un número de prueba y castigo. Israel vagó por el desierto durante cuarenta años, ¡un año por cada día que dudaron de Dios!

LOS SIGNIFICADOS DE LOS COLORES

La ley de la primera mención también se relaciona con la presentación de colores, metales y telas que se encuentran en las Escrituras. Cuando Moisés construyó el tabernáculo en el desierto, Dios le ordenó utilizar telas pintadas de púrpura, azul, carmesí y blanco. Sin entrar en un estudio detallado de las telas del tabernáculo, el azul representa lo celestial; el púrpura, realeza; el carmesí, redención; y el blanco, justicia. A Cristo en su juicio le pusieron un manto escarlata mientras los soldados se burlaban de Él como rey (Mateo 27:27–29). Rahab, la prostituta colgó una cuerda de grana en la ventana de su casa, marcándola para redención y protección de la destrucción (Josué 2:17–18). En el cielo, los santos vestirán batas blancas, lo cual representa la "justicia de los santos".

En lo referente a los metales, tres se mencionan frecuentemente en las Escrituras: oro, plata y bronce. El oro es el más precioso y representa la deidad. El oro nunca se deslustra, no necesita limpieza, es eterno (nunca envejece) y como Dios nunca peca y no necesita arrepentirse de pecado. La plata es un metal precioso que representa la redención. Bajo el antiguo pacto, se le cobraba un siclo de plata a los hombres mayores de veinte años, llamado *el siclo de la redención*. Todo lo recolectado era colocado en el tesoro del templo y utilizado para las reparaciones del tabernáculo y, más tarde, del templo de Jerusalén. Cuando los Judíos celebran la Pascua anual, se utilizan cuatro copas de plata para el fruto de la vid, cada copa representa un aspecto de la redención de Egipto.

EL SIMBOLISMO BÍBLICO

Algunas de las formas más comunes de simbolismo que se encuentran en las Escrituras son animales utilizados para identificar a las naciones e individuos. Usted puede preguntarse por qué las Escrituras utiliza al reino animal frecuentemente como simbolismo. Creo que la simple respuesta es que Dios utilizaba aquello con lo que la gente de la historia antigua estaba familiarizada. Lo mismo podría ocurrir con el ministerio al aire libre de Cristo. Cuando Cristo habló de un hombre que sembró una semilla en el campo, el trigo y la cizaña, y las espinas, su público galileo estaba completamente familiarizado con los objetos que utilizó en sus famosos mensajes ilustrados.

El simbolismo bíblico de objetos y animales es similar al simbolismo de números, metales y colores, ya que en la primera mención, el objeto o cosa normalmente establece el patrón para la comprensión críptica, mística y simbólica de ese objeto o cosa particular.

La primera criatura creada destacada en la Biblia fue la serpiente, la cual "era astuta más que todos los animales del campo que Jehová Dios había hecho" (Génesis 3:1). Observe que la Biblia no usa el término "reptil" o "cosa deslizante", sino que coloca a la serpiente con las "bestias del campo". En la actualidad, cuando pensamos en una bestia del campo vemos a un buey, toro, vaca u otro animal grande que deambula por el campo. Sin embargo, la serpiente era más que una víbora flaca. Era sutil y hábil, y también era capaz de comunicarse de alguna manera con Adán y Eva. Debido a que la serpiente comenzó el primer engaño, el ángel caído, Lucifer, llamado diablo o Satanás, se convirtió en la imagen de una serpiente engañadora. De hecho en Apocalipsis 20:2 se le llama serpiente.

Uno de los animales más comúnmente mencionados en las Escrituras es el cordero. La palabra *cordero* aparece por primera vez en Génesis 22, cuando Abraham profetizó que Dios "se proveería cordero" (Génesis 22:8). Sin embargo, la historia principal de un cordero que conecta a esta preciosa criatura con Cristo es el relato de la Pascua registrado en Éxodo 12. Se escogió un cordero perfecto del rebaño. Su sangre fue rociada en el poste izquierdo, en el poste derecho y en el dintel de cada puerta de las casas de los hebreos, formando así un seto invisible que evitaba que el ángel destructor tomara al primogénito hebreo. El cordero completo fue entonces asado y la familia lo comió antes de partir de la esclavitud de Egipto hacia su patria. Este no solamente fue un éxodo, sino también una redención del cautiverio y la esclavitud. Fue un adelanto de los eventos por venir, cuando Jesús aparecería como el "Cordero de Dios" quitando los pecados del mundo (Juan 1:29). En el libro de Apocalipsis, se utiliza la palabra *cordero* veintisiete veces, y en todos los ejemplos excepto en uno (Apocalipsis 13:11), el cordero es Cristo.

La Biblia utiliza otro simbolismo que a menudo se encuentra en un sueño espiritual. En la Biblia leemos acerca del trigo y la cizaña. El trigo se refiere a la buena semilla que produce hijos del Reino y la cizaña son las semillas malas que producen hijos del maligno (Mateo 13).

Existen algunos animales que llamo "el rebaño disparejo". Estos son las ovejas, cabras y cerdos, cada uno representan a un tipo de creyente. Las ovejas siempre se refieren a los creyentes o a las personas que siguen fielmente al pastor. Nunca se habla de manera negativa de ellas en el Nuevo Testamento y deben ser protegidas, amadas y cuidadas por su pastor espiritual. Por otro lado están las cabras. La cabras en realidad son una parte de los rebaños en el Oriente Medio, pero son separadas de las ovejas porque pueden complicar las cosas algunas veces. Una cabra puede referirse a alguien en el rebaño con una actitud negativa o que se niega a obedecer las instrucciones del pastor. Cuando era joven, conocí a miembros de iglesias donde mi papá pastoreaba, que definitivamente eran *cabras*. Siempre provocaban algún tipo de problema debido a su necedad y actitud arrogante. La otra criatura es el cerdo. En el judaísmo el cerdo se considera un animal sucio y los religiosos judíos no comen ningún tipo de carne de cerdo. En 2 Pedro 2:2–22, el cerdo es una metáfora utilizada para describir a un reincidente o a alguien que regresa a sus viejos caminos torcidos.

La mayoría de los creyentes saben que se simboliza al Espíritu Santo con una paloma; cuando comparamos a la paloma física con las características del Espíritu Santo vemos que es por una buena razón.

La paloma es de un blanco puro, el cual representa la pureza del Espíritu Santo. Una paloma es un ave cariñosa que expresa sus emociones a través de arrullos. También es una linda criatura, una imagen perfecta de la dulzura y afecto del Espíritu Santo. Cuando atacan a una paloma, esta no contraataca, sino simplemente llora angustiada. Los creyentes llenos del Espíritu Santo nunca deben contraatacar a sus enemigos. El Espíritu Santo intercede por nosotros en oración con "gemidos" (Romanos 8:26).

El gran ministro cristiano, Vance Havner, una vez remarcó que la paloma tiene nueve plumas principales en cada ala y cinco plumas principales en su cola. En las Escrituras se observa que existen nueve dones del Espíritu Santo (1 Corintios 12:7–10) y los nueve frutos del Espíritu se encuentran en Gálatas 5:22–23. Las plumas de la cola son similares al timón de un avión y ayudan a guiar a la paloma en el vuelo. Las cinco plumas concuerdan perfectamente con los cinco ministerios de apóstol, profeta, pastor, maestro y evangelista, los cinco ministerios que han sido provistos para el Cuerpo de Cristo (Efesios 4:11–12). La paloma también es distinta a las demás aves, porque en lugar de que sus alas apunten hacia la cola, en realidad apuntan hacia la cabeza. El Espíritu Santo no habla de Él mismo, sino dirige a los creyentes hacia Cristo.

En las parábolas, el campo donde el grano de la cosecha madura es un símbolo del mundo mismo. El agua es un símbolo del Espíritu Santo cuando se manifiesta dentro de la vida del creyente, tal como Cristo lo indicó al comparar la llenura el Espíritu con una persona de la que fluye agua viva desde su ser más interno (Juan 7:38).

Cuando un creyente experimenta un sueño espiritual con el significado escondido en simbolismos, el significado del sueño se puede comprender por medio de utilizar las Escrituras para interpretar el simbolismo. Algunas veces he escuchado a personas sinceras que intentan comprender el significado de un sueño que en realidad es un sueño extraño. Sin orden, ni instrucción ni simbolismo bíblico. Me recuerda a una mujer en la iglesia de mi padre que le dijo: "Pastor, tuve un sueño extraño. Vi a la congregación reunida aquí en la iglesia y en lugar de tener cabezas normales, tenían grandes coles redondas entre sus hombros —con preocupación en su rostro le preguntó—, ¿qué cree que signifique?".

Mi papá hizo una pausa y en un tono serio respondió: "Hermana, creo que comió mucha pizza antes de dormir".

Recuerdo a un intérprete de sueños autoproclamado, que interpretaba los sueños que la gente le contaba por teléfono. Desde un punto de vista puramente bíblico, la mayoría de los sueños no tenían sentido. Sin embargo la persona a cargo hacía que todos los sueños parecieran una revelación espiritual y tenía el sistema más elaborado de interpretación del que haya escuchado. Sin embargo, los colores que utilizaba estaban completamente opuestos a los patrones bíblicos y en ese punto me di cuenta de que acomodaba los significados con el fin de proporcionarle un comentario a cada persona que llamaba.

En un sueño espiritual que tiene el propósito de servir de advertencia es común ver serpientes, lobos, cizañas, nubes oscuras, huracanes, peces, iglesias y otros símbolos que se utilizan en la Biblia.

LOS EFECTOS DE UN SUEÑO ESPIRITUAL

Cuando el rey de Babilonia despertó del sueño del ídolo metálico, vemos que:

> En el segundo año del reinado de Nabucodonosor, tuvo Nabucodonosor sueños, y se perturbó su espíritu, y se le fue el sueño.
>
> —DANIEL 2:1

Durante mis muchos años de ministerio, un factor común que he encontrado en los sueños de advertencia o de instrucción del Señor, ha sido el hecho de que no me puedo volver a dormir después de despertar. El sueño permanece continuamente en mi memoria durante días, semanas y meses. Un sueño de advertencia permanece en su mente y espíritu. Algunas veces hay partes del sueño que no he podido recordar, pero siempre recuerdo los detalles importantes del sueño o visión. He aprendido por experiencia que un sueño normal sucede y a menudo se olvida después de despertar o antes de terminar el día. Por ejemplo, anoche soñé, pero en este momento no puedo recordar los detalles del sueño, ni partes ni todo él. Sin embargo, un sueño de Dios permanecerá en su mente o espíritu durante un largo tiempo.

ESCRIBA LO QUE VE

El sueño profético del ídolo metálico que tuvo el rey Nabucodonosor fue muy dramático y, sin embargo, cuando despertó no podía recordar lo que había soñado. Cuando Daniel comenzó a dar su explicación, el rey recordó todos los detalles y exaltó a Daniel en el reino (Daniel 2). He descubierto por experiencia propia, que en el momento que despertamos del sueño y creemos que este tiene un significado espiritual, es importante escribirlo en papel. Durante muchos años he tenido ya sea un cuaderno o una hoja de papel, y una buena pluma en la mesa de noche junto a nuestra cama, cerca de la lámpara. En muchas de las veces en que despierto después de soñar o escuchar una palabra o frase, prendo la lámpara, tomo la pluma y comienzo a escribir la palabra o eventos del sueño.

Por otro lado, en algunas ocasiones despierto y pienso: "Lo recordaré en la mañana", debido a que estoy demasiado cansado para despertarme y hacer el esfuerzo de escribir el sueño. Lamentablemente, algunas veces al despertar, no puedo recordar los detalles que pueden ser importantes en el significado del sueño. Posiblemente ese día al viajar veo o escucho algo que alerta mi memoria, como la luz de una linterna que de pronto aparece en un cuarto oscuro. Sin embargo, el pequeño *empujón mental* no es suficiente para traer a la luz algo importante acerca del sueño.

Si usted es sensible a lo espiritual, siempre debe tener un cuaderno y una pluma cerca, incluso cuando viaja. Podría ser que se encuentre a alguien que le dé una palabra durante una conversación espiritual o bíblica, que será exactamente lo que usted necesita escuchar. La mejor manera de recordar algo es escribiendo la revelación en un papel o en un diario. Yo tengo tres oficinas, dos en las instalaciones de nuestro ministerio y una en casa. En cada lugar tengo varios archiveros llenos de cuadernos y notas de treinta y cuatro años de ministerio. Hasta hoy, algunas veces saco las pilas de cuadernos amarillos o blancos y reflexiono sobre las pepitas de oro escritas a mano en el papel. Incontables veces he extraído una frase, título o una serie de bosquejos de las notas que escribí años atrás.

He usado más de dieciséis Biblias a lo largo de los años para predicar en reuniones de avivamiento y congresos. En cada

Biblia, las páginas delanteras y traseras están llenas de notas y frases, algunas de ellas han sido palabras que he escuchado en mi espíritu en oración En 1979 era un adolescente que viajaba en Virginia y ministraba en reuniones de avivamiento. Mientras estaba en Richmond predicando, se reunió a mi alrededor un grupo de jóvenes y comenzaron a orar por mi protección y por un importante avance espiritual. De pronto, tomé una pluma y escribí en la parte de atrás de mi Biblia: "¡El Señor dice que verás un avance en tres semanas!". La siguiente reunión fue en Pulaski, Virginia, donde la reunión de avivamiento duró tres semanas. Al final se dijo que había sido una de las mejores reuniones de avivamiento en la historia de la iglesia y fue la reunión de avivamiento que me abrió una puerta de oportunidad para ministrar en otros estados. Hasta hoy al ver la pequeña nota en la parte trasera de mi Biblia puedo recordar los detalles de ese momento y de las semanas siguientes; ¡todo como resultado de haberlo escrito!

Algunas veces usted recibirá una palabra especial del Señor, y otras alguien de su confianza recibirá una advertencia o instrucción para usted. Si usted es un esposo, esa persona normalmente es la más cercana a usted: su esposa.

CÓMO CONTAR SUS SUEÑOS A OTROS

En caso de recibir una advertencia o un sueño con simbolismo espiritual, una persona debe ejercer sabiduría y discreción al compartir el sueño con los demás. Cuando José le relató su sueño doble a su padre, Jacob, interpretó el significado satisfactoriamente, ya que Jacob mismo había tenido sueños espirituales (Génesis 37:10). Sin embargo, cuando el muchacho se los dijo a sus hermanos, lo ridiculizaron y se burlaron de él, y le tuvieron envidia; finalmente lo vendieron como esclavo por sus sueños (Génesis 37:8, 11, 26–28).

Los creyentes tienen diferentes niveles de comprensión y

madurez espiritual, al igual que los niños. Algunos niños de doce años son mental y emocionalmente maduros como si tuvieran dieciocho años. Otros, ¡alcanzan los dieciocho años y son tan maduros como un niño de doce! Esto sucedió en los tiempos bíblicos, como lo vemos cuando Cristo tenía doce años y confundió a los doctores de la ley en el templo (Lucas 2:42–47). Los creyentes *toman leche* o *comen alimento sólido*. Aquellos que toman leche son bebés en Cristo, inexpertos en la Palabra de Dios y tienen que escuchar lecciones simples y básicas de las Escrituras (Hebreos 5:13). Los que comen alimento sólido son quienes tienen una comprensión más profunda de las Escrituras, como doctrinas bíblicas importantes, las raíces hebreas de la fe, las enseñanzas proféticas y otros temas que requieren un estudio profundo y detallado, así como investigación bíblica, lo cual produce crecimiento espiritual.

¡Yo creo que una de las cosas que un nuevo convertido o *bebé en Cristo* no debería hacer inmediatamente es comenzar a estudiar las Escrituras en los libros de Daniel o Apocalipsis! Sin embargo, cualquiera que ha sido criado en una fuerte enseñanza de *alimento sólido*, debe tener por lo menos una comprensión básica del simbolismo que se encuentra en los libros apocalípticos. Los nuevos creyentes necesitan comprender su relación con Dios, cómo orar, alabar y caminar por fe, antes de involucrarse en un estudio profundo de las cosas venideras.

Recuerdo compartir con mi hijo hace años acerca de un sueño espiritual que tuve, ya que pensé que estaría interesado en escuchar la extraña advertencia que el Señor me había dado. Se apesadumbró y se desanimó de alguna manera después de que le compartí la advertencia. Más tarde me di cuenta de que este tipo de sueño no debe ser compartido con un joven de preparatoria con una comprensión limitada o, lo que es más, poco interés en la extraña advertencia que le fue dada a su padre. Mi hijo interpretó el sueño como otra *cosa negativa más* que su papá estaba viendo. Esta fue una lección importante para mí. Él necesitaba ser animado y edificado como joven. Por otro lado, me senté con mi padre y le compartí la misma palabra, y él interpretó el sueño y comenzó a orar acerca de la información que el Espíritu Santo me había revelado a través del sueño. La diferencia entre estas dos reacciones es el nivel de madurez espiritual y emocional de la persona.

Usted quizá sueñe que algo malo le sucederá a alguien. Lo último que debe hacer es preocupar a la persona gritándole por teléfono que le ponga atención a la advertencia antes de que sea demasiado tarde. Lo primero que debe hacer es lo que hizo Daniel cuando recibió un sueño o visión preocupante: preparar su corazón para estar en oración y recibir entendimiento (consulte Daniel 9).

Ore antes de compartir este tipo de sueño. Ahora bien, si una persona se acerca a usted con un sueño y le pide una posible interpretación, entonces usted tiene la libertad y permiso de buscar entenderlo. A los dieciocho años estuve buscando sinceramente a Dios durante un ayuno y el Espíritu Santo me reveló varias formas de ministerio que podía utilizar para alcanzar a las naciones. Todas las palabras que me dio se han cumplido después de treinta y cuatro años de ministerio. Estaba tan emocionado y recuerdo que a los dieciocho o diecinueve me sentaba con otros grupos de ministros y les decía lo que había visto y sentido que el Señor haría a través de mí. Algunos leyeron esta *revelación* como orgullo y arrogancia, lo cual no existía en mi corazón. Su respuesta y su rechazo a la información pudo haberme desanimado. Más tarde, la sabiduría me enseñó que no es sabio contar los *secretos* que Dios le revela a uno. Cuando el ángel le dijo a María que estaba embarazada, ella fue con quien comprendería las extrañas circunstancias: su prima Elisabet (Lucas 1). Después de todo, puede imaginarse a María, una mujer virgen soltera corriendo por la comunidad judía, gritando: "¡Estoy embarazada! Vi la visión de un ángel y estoy embarazada; el Señor lo hizo"... *¿El Señor* *lo hizo?* En primer lugar, ¿quién habría creído que *únicamente el Señor* fue quien la ayudo a concebir? En segundo lugar, ¡imagine cómo hubiera sido perseguido José y cómo María hubiera sido rechazada para siempre si la comunidad hubiera pensado que se había embarazado fuera del matrimonio! Hay tiempo para dar a conocer información y tiempo para esconder lo que hay en su corazón y reflexionar sobre ello (Lucas 2:19).

Si su cónyuge es creyente, siempre es bueno y apropiado no esconderse *secretos personales* entre sí, sino tener una relación de confianza en la que puedan compartirse sentimientos, deseos, sueños y visiones; tanto los sueños y visiones de sus planes y destino como los sueños y visiones que son mensajes del cielo.

Capítulo 13

CUATRO TIPOS DE VISIONES ESPIRITUALES

Y Jehová me respondió, y dijo: Escribe la visión, y declárala en tablas, para que corra el que leyere en ella. Aunque la visión tardará aún por un tiempo, mas se apresura hacia el fin, y no mentirá; aunque tardare, espéralo, porque sin duda vendrá, no tardará.

« Habacuc 2:2–3 »

¿**Q**ué le viene a la mente cuando digo la palabra *visión*? Existen varias maneras de utilizar esta palabra. El significado común es lo que ve una persona o su capacidad de ver. El segundo uso común tiene que ver con los planes para el futuro de un individuo o una iglesia, por ejemplo: "Tenemos una visión para el futuro; vamos a construir instalaciones nuevas". El significado de *visión* se refiere a la capacidad de imaginar o crear un plan o idea para el futuro, y hacer que suceda. Sin embargo, el significado espiritual de la palabra *visión* a partir de las historias proféticas y bíblicas, es mucho más profundo que los dos significados anteriores.

Existen tres libros de los profetas del Antiguo Testamento que mencionan la palabra *visión* con más frecuencia que los demás libros proféticos. Éstos son Isaías, Ezequiel y Daniel. En Isaías la palabra *visión* se menciona en siete versículos. En Ezequiel, se usa trece veces, y en Daniel la palabra se menciona veintidós veces, más que en cualquier otro libro profético. Entre los profetas, una visión era una escena divina que veía un profeta, ya sea durante su tiempo de oración, durante un sueño o, algunas veces, al estar despierto. La visión que sucede cuando se está despierto es posiblemente la más rara e inusual. Podemos leer que el profeta Balaam vio "la visión del Omnipotente; caído, pero abiertos los ojos" Números 24:16).

Muchas visiones fueron tan extraordinarias que a la mente humana se le dificulta comprenderlas. Cuando murió el rey Uzías, Isaías vio el trono celestial donde los serafines volaban sobre el trono de Dios; cada uno con seis añas, dos de ellas cubriendo sus ojos, dos cubriendo sus pies y dos que utilizaban para volar (Isaías 6:2). Por otro lado, Ezequiel vio un viento tempestuoso que venía del norte, y una gran nube con un fuego envolvente. En medio del fuego, el profeta vio el trono de Dios siendo llevado sobre los hombres de cuatro querubines. Daniel vio a Gabriel en varias ocasiones y muchos ótros simbolismos extraños como bestias que surgían, y que representaban imperios.

Existen cuatro palabras diferentes en Daniel utilizadas para describir los diferentes métodos en que se puede recibir una visión.

1. La palabra *chazown*

La palabra refiere a una *visión, sueño, revelación u oráculo mental*. Se encuentra en Daniel 1:17, donde se afirma que Daniel tuvo "entendimiento en toda visión y sueños". También se encuentra en Daniel 8:1–2, 13, 15, 26 y en otras referencias.

2. La palabra *chezev*

Esta palabra en arameo simplemente significa *percepción* o *visión*. La palabra se utiliza en Daniel 2:19, cuando Daniel recibió un secreto del Señor en una visión nocturna y más tarde cuando fue llevado ante el rey para interpretar el famoso sueño del ídolo metálico. Este tipo de visión sucede mientras la persona duerme.

3. La palabra *mar'ah*

Esta palabra, que se encuentra en Daniel 10:7–8, también se traduce como "visión" y se utiliza para *ver el reflejo de un espejo*. Daniel estaba cerca del río Hiddekel en Babilonia, cuando de pronto fue sorprendido por un estremecimiento que lo hizo caer rostro en tierra. Entonces vio lo que en teología se considera como una *teofanía*: la aparición de Cristo en el Antiguo Testamento. El hombre que vio Daniel en la visión estaba vestido de lino y llevaba un cinto dorado. Sus ojos eran como relámpagos y sus brazos y pies como de bronce, su voz era como el sonido de muchas aguas. ¡Partes de la descripción son similares a la visión que tuvo Juan de Cristo en Apocalipsis 1!

4. La palabra mar'eh

La cuarta palabra significa *visión* o *aparición*, y se utiliza en Daniel 10:1, donde Daniel recibió una visión que no comprendió. Ayunó durante tres semanas y venció la oposición espiritual que existía en la atmósfera, en la que el demoníaco príncipe de Persia estaba impidiendo que obtuviera la revelación (consulte Daniel 10:1–12).

Estas palabras se utilizan para indicar que las visiones pueden ocurrir de diferentes maneras. En las Escrituras, los profetas de pronto eran sobrecogidos por la inspiración del Espíritu y "entraban" en éxtasis mientras se encontraban cerca de un río en el exilio. Juan estaba en la isla de Patmos rodeado por el mar Egeo cuando entró "en el Espíritu" en el día del Señor (Apocalipsis 1:10). ¡Estar "en el Espíritu" indica que de pronto se está en la mente de Dios mismo"!

Ezequiel era un prisionero político en Babilonia cerca del río Quebar, cuando de pronto se abrieron los cielos y vio las visiones de Dios. El profeta describe la vez que "la mano de Dios estaba sobre él" (Ezequiel 1:3). El profeta describe con detalle la aparición de los querubines que llevaban el trono de Dios y cómo viajaban, moviéndose cada uno con una rueda (vv. 1–28). Estas se llaman "visiones abiertas", ya que suceden mientras el vidente está completamente despierto y consciente de sus alrededores. La mayoría de los eruditos estaría de acuerdo en que esta es la forma más alta de revelación extática. Los profetas vivían en una mayor dimensión de santidad, lo que les permitía pasar de hablar con los demás a ser llevados inmediatamente en el espíritu al reino místico de los cielos cósmicos y del trono de Dios.

La siguiente dimensión de visiones es aquella en que los profetas recibían una visión abierta en la noche mientras dormían:

> En el primer año de Belsasar rey de Babilonia tuvo Daniel
> un sueño, y visiones de su cabeza mientras estaba en su

lecho; luego describió el sueño, y relató lo principal del asunto. Daniel dijo: Miraba yo en mi visión de noche, y he aquí que los cuatro vientos del cielo combatían en el gran mar. Y cuatro bestias grandes, diferentes una de la otra, subían del mar.

—DANIEL 7:1–3

Algunas veces puede dificultarse distinguir entre un sueño y una visión. Estas revelaciones de los cuatro imperios sucedieron mientras el profeta dormía en un estado de ensoñación y, sin embargo, tuvo la visión. Él estaba dormido y despierto a la vez. Estos sueños/visiones suceden mientras una persona duerme.

El cuarto tipo de visión es el desarrollo de una imagen espiritual que surge en la mente mientras la persona está completamente despierta. Esta es más común y a menudo la persona puede no reconocer cuando sucede. Todas las personas, especialmente los jóvenes, pasan tiempo soñando despiertas. Esto puede provocar un comportamiento perjudicial cuando están en la escuela, ya que el niño está presente físicamente, pero su mente está ausente. Los niños pueden estar sentados en su escritorio y al mismo tiempo su mente estar en el jardín trasero de casa, posiblemente dándose un chapuzón en su alberca de plástico. Esta no es una visión, sino simplemente la imaginación en funcionamiento. La mente humana tiene la capacidad de crear imágenes (la raíz de la palabra imaginación) y puede, con un simple cambio en el cerebro, llevarlo a cualquier lugar del mundo para que pueda comprar en la mejor tienda, cenar en restaurantes de clase mundial y dormir en sábanas de seda; ¡todo sin pagar un centavo!

Por otro lado, un creyente lleno del Espíritu puede comenzar a meditar en el Señor y orar mientras está sentado en el escritorio, caminando por la acera o recostado en la cama. El creyente puede sentir de pronto que algo está mal. El peso del pensamiento presiona su espíritu y crea una carga. Cuando la persona comienza a orar, visualiza una situación que desconoce. Al entrar en un nivel más profundo de intercesión, el creyente se da cuenta de que está orando por un familiar específico o por una situación negativa. Más tarde descubre que la situación que visualizó es real. Este es un tipo de visión espiritual.

Esto sucedió hace años mientras visitaba un parque estatal en Oregón, donde hay un volcán apagado en medio de un gran lago. Esa tarde hice algo tonto y en lugar de seguir la senda marcada hacia el muelle, fui en la dirección contraria y terminé detrás del volcán apagado. Llegué a una abertura donde alguna vez fluyó lava hacia el lago. Eran tan resbaloso como el vidrio y comencé a caer. Me sostuve con los dedos de la mano en la dura superficie, boca abajo. Sabía que podía morir y comencé a orar.

A la semana siguiente supe que ese día mientras yo estaba en peligro, mi padre y madre conducían hacia Knoxville, Tennessee. De pronto, mi papá me vio en peligro a través de una visión mental y le gritó a mi mamá: "Necesitamos orar. La vida de Perry está en peligro". Mi papá intercedió durante una ora, gimiendo y pidiéndole al Todopoderoso que dondequiera que yo estuviera, estuviera a salvo. Me tomó una hora cruzar la parte resbaladiza de la isla y supe que la oración había sido lo que me sostuvo.

Cuando mi esposa y yo estábamos buscando una propiedad para construir el nuevo centro de nuestro ministerio, ella y yo estábamos en nuestros escritorios; yo estaba estudiando y ella estaba haciendo la contabilidad. Sin advertencia alguna sentí que debía salir del edificio y conducir hacia el lado opuesto de la ciudad. En mi espíritu vi una propiedad que no había visto antes. Después de convencerla de que había recibido una palabra de conocimiento del Señor, condujimos a una parte de la ciudad que no sabía que existía. ¡Ahí encontramos la casa donde vivimos durante cinco años y la propiedad en donde construimos dos grandes centros de nuestro ministerio!

LA DIFERENCIA ENTRE LOS
SUEÑOS Y LAS VISIONES

Los hombres, las mujeres y los niños son seres tripartitos compuestos de cuerpo, alma y espíritu. Los sueños al parecer surjen o se desarrollan con más frecuencia en el reino del alma, mientras que las visiones son manifestaciones más profundas concebidas en el espíritu de la persona.

Cuando hay un fuerte derramamiento del Espíritu Santo, siempre hay un aumento de la revelación espiritual. En los postreros días, el Señor derramará de su Espíritu sobre "toda carne; vuestros hijos y vuestras hijas…" (Joel 2:28; Hechos 2:17). Es difícil determinar la edad a la que se refiere "hijo o hija" en hebreo o en griego. En la mayoría de los casos, un hijo e hija son aquellos solteros bajo la influencia de unos de sus padres. Aunque mi hijo y mi hija se casen seguirán siendo mis hijos; sin embargo, sus hijos serán "los hijos de mis hijos" o la "simiente" de mis hijos. En la actualidad, los jóvenes se están casando mucho más tarde que en mis días o en los días de mi padre.

¿Por qué los *jóvenes* ven visiones y los *viejos* sueños? ¿Por qué no leemos al revés: "Los jóvenes soñarán sueños y los viejos verán visiones"? ¿El orden tiene alguna importancia? Yo creo que es porque el Espíritu será derramado sobre los jóvenes y este movimiento intenso del Espíritu siempre aumenta la intensidad y sensibilidad del espíritu humano hacia las cosas de Dios. Creo que la segunda razón tiene que ver con el nivel de madurez espiritual. Debido a los años de experiencias personales con el Señor, los sentidos de los ancianos están entrenados para discernir correctamente lo espiritual de lo carnal, mientras que un joven puede no tener la madurez para discernir correctamente o comprender una verdad más profunda.

Los jóvenes necesitan una visión, una visión bastante dramática y poco clara para que les sea imposible dudar que ha sido del Señor. Un creyente ya mayor y más experimentado en el Señor tiene un espíritu afinado y puede determinar rápidamente si un sueño fue del Señor o no, y debería conocer el simbolismo bíblico para determinar el significado de cualquier sueño espiritual.

LA IMPORTANCIA DE UNA *VISIÓN*

En nuestra vida se requiere de una visión para hacer surgir todas las posibilidades y deseos de nuestro corazón. Para construir cualquier cosa, una casa, una oficina, un negocio o un matrimonio, se necesita que los participantes tengan algún tipo de visión. Las edificaciones más grandes de la Tierra comenzaron con una imagen mental en la mente de alguien. El plan es transferido de la mente a un plano de papel, seguido de un equipo de personas preparadas para llevar el diseño escrito a la creación visible de un objeto tridimensional.

- Un visionario tiene la capacidad de ver algo terminado antes de que comience.

- Un visionario tiene la fuerza de llamar a las cosas que no son como si fueran.

- Un visionario continúa creyendo en la visión a pesar de la oposición y los obstáculos.

- Un visionario nunca vive en el pasado, pero aprende a no repetir los errores del pasado en el futuro.

Existe un versículo poderoso en Proverbios 29:18 que dice: "Sin profecía el pueblo se desenfrena". Otra versión dice: "Donde no hay visión, el pueblo se extravía" (NVI). En una visión usted puede recibir perspectiva con respecto a su futuro o a su destino tal y como Dios lo ha diseñado. Si un médico le dice a un paciente que le quedan dos meses de vida, el paciente se resignará y enfrentará la muerte, o la persona luchará por combatir la enfermedad para vivir más tiempo. Cuando una persona siente que no tiene nada por qué vivir, entonces un espíritu de desesperanza se apodera de ella. Proverbios 13:12 dice: "La esperanza que se demora es tormento del corazón; pero árbol de vida es el deseo cumplido". Por ejemplo, se sabe que los pacientes con cáncer algunas veces pueden vivir más años de lo que se espera, debido a un *deseo*; el deseo de permanecer más tiempo con su cónyuge, el deseo de ver crecer a sus nietos, el deseo de continuar disfrutando la vida. La falta de esperanza puede matar, pero el deseo puede convertirse en un árbol de vida.

Una *visión* siempre tiene relación con el futuro y rara vez con el pasado, ya que el Reino de Dios y la vida humana siempre van hacia delante y nunca miran hacia atrás. No podemos borrar el pasado, pero podemos luchar por el futuro. Podría ser que en todo su caminar espiritual nunca experimente una visión nocturna literal mientras duerme profundamente. Sin embargo, usted debe vivir continuamente con sueños, visiones y deseos de ser bendecido, de ser una bendición para otros y de hacer todo cuanto el Señor poga en su corazón.

Cuando Moisés murió, su siervo Josué ocupó su puesto. El Señor le prometió a Josué: "Como estuve con Moisés, estaré contigo" (Josué 1:5). Alrededor de treinta años después, leemos estas asombrosas palabras con respeto a Josué: "Y así Josué lo hizo, sin quitar palabra de todo lo que Jehová había mandado a Moisés" (Josué 11:15). El propósito de una visión *práctica* es hacer que usted persiga su futuro. A menudo una visión espiritual anuncia una advertencia para prepararlo para lo que viene. Siempre recuerde que una advertencia no tiene el fin de asustarlo, sino de prepararlo.

Capítulo 14

LOS SUEÑOS: EL PROPÓSITO ASOMBROSO DE ESTAS REVELACIONES

Sucederá que en los postreros días, dice Dios, derramaré de mi Espíritu sobre todo el género humano. Los hijos y las hijas de ustedes profetizarán, tendrán visiones los jóvenes y sueños los ancianos.

« HECHOS 2:17 »

Si usted entrevistara a un feligrés promedio en Estados Unidos y le preguntara: "¿Cómo le habla Dios a su pueblo en la actualidad?", la mayoría respondería que Él ya no habla más que a través de las Escrituras. Desde luego, la revelación suprema de Dios se ha mostrado a la humanidad a través de los sesenta y seis libros de la Biblia. La Santa Palabra *es* la instrucción final de Dios a la humanidad y una revelación de su pacto redentor a través de Cristo. Sin embargo, la razón por la que muchos cristianos creen que Dios ya no le habla a su pueblo, es porque ven la palabra *habla* como "palabras audibles" que vienen de la atmósfera, en lugar de que Dios nos hable en nuestro espíritu. Debido a que la mayoría de creyentes nunca han escuchado una voz audible, profunda y retumbante atravesando la atmósfera, ¡asumen que Dios está mudo y que solamente habla a través de su Palabra escrita! Lamentablemente, muchos cristianos niegan la posibilidad de que Dios le hable a una persona, porque son continuamente bombardeados por afirmaciones *desde el púlpito,* tales como: "Dios ya no habla en la actualidad", "Dios solamente le habló a los apóstoles originales", o: "No necesitamos que Dios nos hable porque tenemos su Palabra".

Se le preguntó a un ministro que negaba que Dios le habla a la gente en la actualidad: "Si Dios no habla en la actualidad, entonces ¿cómo puede ser salvo un pecador; ya que el Espíritu Santo debe convencerlos de pecado?". Convicción es más que estar mentalmente de acuerdo con un sermón que se recibe desde un púlpito. Es un sentimiento profundo de remordimiento que lleva al arrepentimiento. ¿Quién produjo ese sentimiento? ¿Qué fue esa tranquila vocecita que dijo: "Este mensaje es para ti. Cree en esta palabra"? ¡Esa fue la voz del Espíritu Santo! Nadie puede ir al Padre a menos que sea atraído a Cristo por el Espíritu Santo (Juan 6:65; 15:26–27).

CINCO MANERAS EN LAS QUE DIOS
LE HABLA A SU PUEBLO

Existen cinco métodos que Dios utiliza para hablarle a una persona, si esta tiene oídos espirituales para escuchar su voz.

1. Le habla a la consciencia de una persona

Se nos advierte que en los postreros días se soltarán "espíritus engañadores" en la tierra (1 Timoteo 4:1). Estos espíritus son activados para desviar a los hombres y a las mujeres de la verdad. Cuando alguno es engañado y rechaza la verdad, Pablo escribió que estas personas quedan con la "consciencia cauterizada" (v. 2). Esta afirmación se refiere a los efectos de un hierro caliente sobre la piel, que provoca que la piel se endurezca y los nervios se dañen y pierdan sensibilidad. La consciencia es parte del alma humana y reacciona a las acciones morales o éticas de una persona juzgándolas buenas o malas. Debería existir una consciencia moral en todos los cristianos. Esta existe también en muchos no cristianos moralmente rectos.

A menudo, Dios penetra la consciencia del ser humano, creyente o no creyente, a través del Espíritu Santo y lo dirige en la dirección correcta con respecto a decisiones morales o de juicio. Por ejemplo, cuando un jurado formado por doce personas se sienta en el estrado de la corte, y escucha el testimonio de un hombre que violó a un niño, incluso un no creyente sabe por sentido común que el acto es inmoral e incorrecto. Algo *dentro de él* le dice que el criminal merece ser declarado culpable y ser sentenciado. Cada vez que un pecador se convierte, el Espíritu Santo rasga los *velos* mentales y espirituales y habla directamente a la consciencia del individuo, llevando a la persona a Cristo.

2. Le habla al espíritu interior de la persona

La Biblia dice: "Porque todos los que son guiados por el Espíritu de Dios son hijos de Dios" (Romanos 8:14). Pablo escribió acerca del "hombre interior" (Romanos 7:22; 2 Corintios 4:16) y Pedro menciona "el interno, el del corazón" (1 Pedro 3:4), lo cual se refiere a la consciencia y el alma de cada ser humano. El espíritu humano es el centro de influencia espiritual de la misma manera que el corazón es el centro del cuerpo humano. Esta parte íntima a menudo se identifica con la frase "el corazón". Esto trae confusión, ya que el corazón físico bombea sangre a todo el cuerpo, por lo tanto, ¿cómo es que el corazón puede discernir o tener pensamientos?

Las Escrituras hebreas utilizan tres palabras en hebreo para describir la actividad del corazón. La palabra hebrea *chedher* se traduce como "riendas" y se refiere al lugar más profundo del pecho, los intestinos y lo más profundo de las emociones. La Biblia Reina-Valera utiliza la palabra *entrañas* (Proverbios 23:16). Las palabras hebreas *tuchoth* y *qereba* significan el centro o el medio del corazón.[1] Las culturas antiguas veían el *corazón* como el centro de las emociones y los pensamientos. En realidad, el espíritu humano es el centro de las emociones y filtra los pensamientos. Cuando el Espíritu Santo comienza a hablarle a un creyente en su espíritu, el creyente tendrá fuertes sentimientos, que algunos llaman *intuición*, que provocan un sentido de advertencia, peligro o emoción con respecto a una persona o situación. Estos sentimientos en el espíritu pueden convertirse en fuertes cargas, las cuales son pesos o presiones internos que siente una persona en el corazón. A menudo una carga es interpretada como un sentimiento de ansiedad o estrés, ya que se puede sentir dentro del cuerpo.

Por experiencia propia, he aprendido que solamente existe una manera de determinar si una carga o peso es un asunto espiritual, y es al pasar tiempo en oración e intercesión. Los pesos espirituales solamente pueden ser levantados por la mano del Señor. Después de una intensa oración, a menudo siento que la carga es quitada y se convierte en un signo de que el Espíritu Santo se está moviendo en aquellas cosas que desconozco.

3. Habla utilizando el consejo sabio de otros

La Biblia dice: "Donde no hay dirección sabia, caerá el pueblo; mas en la multitud de consejeros hay seguridad" (Proverbios 11:14). Un consejero es un asesor que da un consejo para resolver conflictos, instruir en un negocio o advertir y sopesar posibles peligros. Salomón, el rey de Israel, comprendió que: "Porque con ingenio harás la guerra, y en la multitud de consejeros está la victoria" (Proverbios 24:6). En el Antiguo Testamento, reyes como Acab se rodeaban de hombres que estaban de acuerdo con todo lo que él decía o de falsos profetas a quienes se les pagaba y disfrutaban cenando en la mesa del rey. Les era difícil advertirle al rey o desmentirlo cuando estaba equivocado, ya que no aceptaba palabras negativas y eso a menudo los llevaba a pasar largos meses encadenados en una mazmorra bajo el palacio (consulte 2 Crónicas 18).

A menudo una persona externa a una situación puede ver con mayor claridad que aquellos que están dentro de la organización o situación, debido a que su visión no está nublada por las numerosas opiniones. Hace muchos años estaba comprometido con una joven talentosa con quien había estado saliendo regularmente durante dos años. Por alguna razón, todos los que la conocían no sentían que ella fuera *la chica indicada* para mí. Si solamente dos o tres personas lo hubieran notado, yo no lo hubiera pensado mucho. Sin embargo, esto se convirtió en algo consistente durante meses. Ambos acordamos romper el compromiso y más tarde me casé con una grandiosa joven llamada Pamela, ¡y he estado enamorado de ella durante más de treinta años!

Las personas que me *aconsejaron* estaban mirando *de afuera hacia adentro*, pero eso no quiere decir que no discernieran correctamente mi situación. Cuando nos enlazamos emocionalmente con una persona o situación, nuestro enfoque se reduce y no podemos ver el resto del campo de juego. Algunas veces el Espíritu Santo puede traer a una persona para que le hable acerca de su situación; una persona que no solamente nos expresa la voluntad de Dios, sino que también nos da advertencias posibles para evitar un escollo o una trampa que pueda ponernos alguien cercano. Si usted está preparándose para comprometerse, ¡le sugiero que obtenga sabiduría divina antes de tomar una decisión que cambiará su vida! Si usted está comenzando un negocio, no lo haga solamente porque parece atractivo. Examine los aspectos positivos y negativos y recuerde que el Espíritu Santo puede dirigir a alguien como usted con una palabra oportuna. Isaías escribió:

> Jehová el Señor me dio lengua de sabios, para saber hablar palabras al cansado; despertará mañana tras mañana, despertará mi oído para que oiga como los sabios.
>
> —ISAÍAS 50:4

4. Dios habla en la actualidad utilizando los dones de inspiración del Espíritu

Sé que algunos de los que lean esta sección no estarán de acuerdo con mis comentarios, con base en la tradición de su iglesia, su persuasión denominacional y experiencias personales. Sin embargo, cuando el Cuerpo de Cristo recibió al Espíritu Santo como regalo (Hechos 2:38–39), Él trajo consigo nueve frutos del Espíritu (Gálatas 5:22–23) y nueve dones del Espíritu (1 Corintios 12:7–10). Es interesante que los ministros crean en el Espíritu Santo como una persona, pero enseñen que los dones milagrosos de 1 Corintios 12 de alguna manera han cesado en nuestro tiempo. ¡Y sin embargo crean y enseñen que los nueve frutos del Espíritu son para nuestro tiempo!

Pablo escribió que "irrevocables son los dones y el llamamiento de Dios" (Romanos 11:29). Una vez que Dios le da un don al Cuerpo de Cristo, Él no se lo quita. También se nos dice que "nada nos falta en ningún don, esperando la manifestación de nuestro Señor Jesucristo" (1 Corintios 1:7). Estos versículos indican que los dones (en griego, *carisma/charismata*) son dados y continuarán hasta que Cristo regrese, a pesar de lo que enseñen algunos círculos de incredulidad.

Los tres dones de inspiración mencionados en 1 Corintios 12 son *diversos géneros de lenguas, interpretación de lenguas y profecía.* ¡En numerosas ocasiones vi a mi padre, Fred Stone, comenzar a orar en el lenguaje de oración del espíritu y ser comprendido por una persona de otra nación que hablaba la misma lengua en la que estaba orando mi padre! A principios de la década de 1970, mi papá era pastor en Arlington, Virginia. Un domingo en particular, un médico, el Dr. Spence, y su esposa, Mary Ann, estaban de visita en nuestra pequeña iglesia en la avenida Fillmore. Esa mañana, Mary Ann pasó al frente para recibir oración por una necesidad específica. Cuando mi papá oró por ella comenzó a orar en el lenguaje de oración del Espíritu Santo. Después de la oración, la Sra. Spence lo miró y le preguntó: "¡Dónde aprendió a hablar alemán tan fluido!". Mi papá le dijo que nunca había estudiado alemán, sino que era una lengua de oración del Espíritu Santo. Su esposo y ella estaban sorprendidos. ¡Mi papá al orar por ella habló perfectamente en alemán e incluso le expresó detalles de su familia que solamente ella sabía! ¡Este incidente impresionó tanto a la pareja, que comenzaron a asistir a la iglesia de mi papá y se convirtieron en unos miembros maravillosos!

No puedo contar las veces en que la operación de uno de los dones de inspiración, ya sea a través de una palabra directa de un extranjero (1 Corintios 12:10), la interpretación de una lengua (1 Corintios 14:1–5) o una palabra profética de ánimo y edificación (v. 3), se hayan manifestados en una iglesia y hayan traído advertencia, revelación y consuelo espiritual a la iglesia, y hayan servido como "señal [...] a los incrédulos" (v. 22). Debido a que estos dones funcionan mediante vasos humanos, quienes tengan experiencia y sabiduría en asuntos espirituales, y que estén cimentados en la Palabra de Dios (v. 29), deben juzgar las palabras que se reciban en la iglesia. ¡Ninguna palabra que realmente provenga del Espíritu Santo contradirá la sólida enseñanza de la Biblia! Sin embargo, Dios puede utilizar vasijas humildes y santas, a través de las cuales permitirá que fluyan sus dones.

5. Dios habla a través de sueños y visiones

Recientemente me asombré cuando un pariente cercano le estaba platicando a otra persona acerca de las cosas profundas del Espíritu Santo. Mi pariente le comentaba a este *incrédulo de lo espiritual* en particular acerca de cómo el Señor me ha advertido en varias ocasiones acerca de eventos que sucederán en la nación, entre ellos mi visión del 11 de septiembre de las torres gemelas y el sueño/visión del derrame de petróleo del Golfo de México en la costa de Luisiana. Este escéptico dijo que no creía que Dios le hablara a nadie en nuestros días por ningún otro medio más que a través de la Biblia. Entonces mi pariente le preguntó: "¿Cómo explicas el hecho de que Perry reciba estas advertencias tan directas y claras, y que no podemos negar que fueron 100% precisas?".

La respuesta fue: "¡Posee algún tipo de poder psíquico!". Me asombró que, según este hombre, una persona pueda tener algún tipo de poder falso, ¡pero que Dios no pueda utilizar su propio poder para revelar el futuro!

Jesús recibía estas mismas acusaciones cuando hacía milagros. Los fariseos religiosos lo acusaban de estar poseído por un demonio y realizar los milagros en el nombre de Beelzebú (Mateo 12:24). Esta mentira tenía la intención de atemorizar a las multitudes de seguir a Cristo, ya que nadie desea tener relación con alguien que opera a través de una influencia demoníaca.

La Biblia enseña que en los postreros días Dios derramará de su Espíritu sobre toda carne y esta inundación de la presencia de Dios estará acompañada de "vuestros jóvenes verán visiones, y vuestros ancianos soñarán sueños" (Hechos 2:17). Los ministros proféticos de la actualidad le recuerdan continuamente a la gente que estamos en los *postreros días*, señalando varias profecías relacionadas con los "postreros días" para apoyar su afirmación. Sin embargo, estos hombres no pueden eludir la promesa de *Hechos 2* que hizo el Señor. Indicar que un versículo en particular es una "profecía de los últimos tiempos para nuestro tiempo" y más tarde decir: "Pero este versículo de Hechos no es para la actualidad", no es solamente espiritualmente deshonesto, sino que impide que la gente crea que Dios revelará advertencias e instrucciones personales en visiones y sueños.

DIOS SE COMUNICA CON NOSOTROS A TRAVÉS DE SUEÑOS Y VISIONES

Durante cuatrocientos años de historia bíblica, desde Adán hasta Cristo, Dios le mostró revelaciones a los hombres santos a través de visiones, sueños e inspiración mental. El agente de estas revelaciones era el Espíritu Santo. Ese mismo Espíritu cubre la tierra en la actualidad a medida que naciones de individuos hambrientos estudian la Palabra de Dios y ven los acontecimientos que sucederán a través de sueños y visiones. ¡Dios continúa hablando en la actualidad!

El libro de Job presenta a Job como el "varón más grande que todos los orientales" (Job 1:3). Entre sus riquezas había casas, tierras, siete mil ovejas, siete mil camellos, quinientas asnas y quinientas yuntas de bueyes. Él fue bendecido con diez hijos y siervos (Job 1–2). Satanás planeó una estrategia contra Job con la intención de destruir su integridad y provocar que blasfemara y maldijera a Dios (Job 1:10–11). Durante el ataque, Job perdió a sus hijos, sus casas y toda su riqueza material. En un segundo ataque del adversario, Job fue golpeado con sarna y soportó un trauma físico severo (Job 2:7).

A partir del momento de este ataque, Job buscó las respuestas al enigma de la razón del sufrimiento de los justos. Tres amigos lo visitaron durante su pérdida y hablaron durante largo tiempo acerca de su vida, su fe y su sufrimiento. Es obvio que Job buscaba a Dios para obtener una revelación divina a su dilema. Al leer el relato, vemos algunos pasajes sobresalientes que revelan la manera en que Dios le habla al hombre.

> El asunto también me era a mí oculto;
> Mas mi oído ha percibido algo de ello.
> En imaginaciones de visiones nocturnas,
> Cuando el sueño cae sobre los hombres,
> Me sobrevino un espanto y temor,
> Que estremeció todos mis huesos;
> Y al pasar un espíritu por delante de mí,
> Hizo que se erizara el pelo de mi cuerpo.
> Parose delante de mis ojos un fantasma,
> Cuyo rostro yo no conocí,
> Y quedó, oí que decía.
>
> —JOB 4:12–16

El primer punto es el uso de la frase "sueño cae". Existen muchos pasajes en las escrituras acerca de algún profeta que recibe una revelación divina gracias a una visita del Señor, que indican que el profeta "cayó en sueño". En Génesis 15:12, un profundo sueño vino sobre Abraham a la caída del sol y el Señor le habló. En Daniel 8:18, Daniel señala: "Caí dormido en tierra sobre mi rostro", cuando el ángel de Dios lo tocó. En Daniel 10:9 se repite el mismo concepto sobre el profundo sueño. Después de entrar en este profundo sueño, escuchó las palabras de un mensajero del Señor.

¿Qué es un "profundo sueño"? La frase hebrea puede referirse a "volverse letárgico" o entrar en un tipo de "trance espiritual". En mi propia vida he experimentado varias veces una verdadera visión espiritual. Normalmente, cuando me ha sucedido, he estado extremadamente agotado. Creo que a veces este agotamiento provoca que el hombre carnal —quien siempre está ocupado sin reposo— sea suprimido, para facultar que el espíritu interior de la persona se ponga en alerta o que despierte.

AHORA ME RECUESTO A DORMIR

Dormir es una parte muy importante de vivir una larga vida. Cuando una persona está bajo presión o angustia mental, le es difícil descansar. A la falta continua de sueño se le llama *insomnio*. Una persona que duerme, pero que se agita continuamente y se le dificulta respirar puede padecer *apnea de sueño*. El sueño excesivo al punto de querer dormir todo el tiempo y no levantarse, puede ser síntoma de *narcolepsia*. Estos tres tipos de trastornos del sueño son dañinos y deben ser tratados. Estos trastornos interrumpen los patrones normales de sueño, pero también pueden provocar patrones irregulares y extraños de sueño.

Existen cinco etapas en un sueño normal. La primera es la etapa somnolienta, en la que la mayoría de la gente dura un periodo aproximado de diez minutos. Esta es seguida de una segunda etapa de sueño ligero, en la que el ritmo cardiaco desciende junto con la temperatura corporal. Esta es seguida por la tercera y la cuarta etapas llamadas "sueño profundo", en las que el cuerpo entra en un estado de sueño profundo y las ondas cerebrales comienzan a desacelerarse. La quinta etapa es llamada sueño REM (movimientos oculares rápidos, por sus siglas en inglés) y se caracteriza por movimiento ocular, un aumento en el ritmo respiratorio y un incremento de la actividad cerebral.[2] Esta última etapa se considera como el nivel del sueño, en el que la mayoría de las personas sueñan.

He descubierto que las visiones pueden ocurrir en cualquier momento, pero a menudo los sueños suceden durante el sueño profundo, normalmente entre las dos y las cinco de la mañana. Los sueños siempre suceden mientras dormimos, mientras que una visión puede suceder mientras la persona está despierta (para obtener más información acerca de las visiones consulte el capítulo 13).

EL *OÍDO* ESTÁ ABIERTO

El escritor inspirado de Job habla acerca de tener un "oído" abierto a recibir una palabra secreta, en Job 4. Si el sentido del oído de una persona es normal, recibirá la información a través del oído. Todos tenemos oídos físicos; sin embargo, también existen *oídos espirituales*. El hombre natural tiene la capacidad de escuchar y analizar la información, ¡pero debemos poseer un *oído interno* espiritual para escuchar correctamente la revelación de la Palabra de Dios y la voz del Espíritu Santo! El hecho es claro cuando leemos acerca de las siete iglesias en Apocalipsis. El escritor repite: "El que tiene oído, oiga lo que el Espíritu dice a las iglesias" (Apocalipsis 2–3). El hecho de que Cristo tuviera que ordenarles repetidamente a sus seguidores (los miembros de la Iglesia) que pusieran atención y escucharan, indica que puede haber problemas al escuchar con los oídos espirituales o con respecto al discernimiento espiritual. Nuestros oídos naturales siempre están *encendidos,* pero nuestros oídos espirituales también necesitan estar abiertos continuamente.

Cuando estamos dormidos físicamente, sucede algo asombroso. El oído humano puede cerrarse a todos los ruidos y permitir que la mente descanse. Por supuesto, ¡cualquier ruido repentino o fuerte puede sacar inmediatamente a una persona del sueño profundo! He estado con un grupo de personas en un vehículo, cuando uno de los pasajeros se queda dormido. Los otros continúan la conversación y el pasajero dormido no escucha nada. Esta idea de escuchar y soñar es única, especialmente en la manera en que se relaciona con la persona que tenga alguna discapacidad física.

¡QUÉ SUCEDE CON UN PACIENTE EN COMA?

La comunidad médica ha investigado durante muchos años la actividad neurológica que ocurre en un paciente en coma. Normalmente, el coma es provocado por una herida en la cabeza, a menudo provocada por una caída o accidente. La persona parece estar inactiva, como si durmiera. Algunas veces se observa que los músculos del paciente en coma reaccionan, tiran o estrujan la mano de una persona. A menudo los médicos le informan a los familiares optimistas que es simplemente una reacción de los músculos y no un indicio de la respuesta del paciente.

Uno de los aspectos interesantes de una persona en coma es que si el nervio auditivo que va desde el cerebro hasta el oído continúa intacto es posible que la persona lastimada escuche las conversaciones a su alrededor. En 1998, mi querido abuelo, John Bava, fue llevado a cirugía a Elkins, Virginia Occidental. Tuvo tres ataques de apoplejía que afectaron su cerebro, impidiéndole moverse, abrir sus ojos o comunicarse de nuevo. Sin embargo, su médico nos dijo que le habláramos directamente a su oído, ¡porque el sentido del oído es lo último que se atrofia cuando la persona está a punto de morir! La familia puso un lector de cintas cerca de su cama con sus canciones de adoración favoritas. El monitor cardiaco mostró que su ritmo iba de 60 latidos por minuto a 120 latidos por minuto cuando escuchaba la música. Cuando la habitación estaba en silencio, el ritmo cardiaco disminuía drásticamente. Cuando escuchaba nuestra voz, nuestro canto o la música, su ritmo cardiaco se aceleraba inmediatamente. Yo sabía que él no podía moverse, pero también sabía que podía escucharnos hablar. Los tres ataques pudieron hacer impactado su cerebro, pero su espíritu interior estaba vivo y él escuchaba, no solamente con sus oídos físicos, ¡sino también con sus oídos espirituales!

Me parece interesante que cuando una persona está a punto

de partir de esta vida, bajo circunstancias normales, su oído es el último sensor físico en dejar de funcionar.

Esto es importante para cualquier familiar que esté junto al lecho de muerte de un ser amado. Si esa persona nunca hizo una confesión de fe, entonces el creyente debe hablarle al oído e instruir al ser amado que haga una oración en su mente. Mientras el espíritu no haya partido del cuerpo presente (consulte 1 Corintios 5:3; 2 Corintios 5:6) Dios conoce "los pensamientos y las intenciones del corazón" (Hebreos 4:12) y puede escuchar la oración de arrepentimiento en la mente de una persona. En la Biblia leemos que Jesús conoce nuestros pensamientos (Mateo 9:4).

Richard Madison, un ministro amigo mío tuvo un terrible choque frontal el 13 de abril de 1986. Fue llevado de emergencia al hospital y le diagnosticaron muerte cerebral a su llegada. Debido a que tenía numerosas heridas y huesos rotos, permaneció en coma durante veintisiete días. Su madre cristiana iba a su habitación cada cuatro horas y lo ungía, creyendo en que Dios lo levantaría, ¡y lo hizo! Ahora Richard describe que en una ocasión su alma salió de su cuerpo y caminó por el pasillo del hospital hacia la capilla, donde su madre y otros oraban. Él podía escuchar orar a su madre y permaneció junto a ella viéndola orar y pidiéndole al señor "salvar a Richard y sacarlo del coma". Fue en ese momento, mientras estaba fuera de su cuerpo, ¡que Richard oró y le pidió ayuda a Cristo! En otra ocasión escuchó a una enfermera diciendo malas palabras y reprendiéndolo por estar en coma; ¡ella estaba molesta porque tenía que trabajar en la víspera de año nuevo y se perdería la fiesta! Imagínese la impresión de la enfermera cuando Richard despertó del coma y se levantó de su silla de ruedas diez días después. Cuando se recuperó le repitió a la enfermera todo lo que había dicho en la víspera de año nuevo! A pesar del coma, el alma y el espíritu de Richard todavía podían escuchar las palabras y las voces en la habitación de vez en cuando.

El escritor de Job dijo que cuando una persona entra en un sueño profundo, su "oído había percibido algo de ello" (Job 4:12). Incluso durante el sueño existe un *oído interno* enlazado con el espíritu de una persona, el cual continúa escuchando. Este es el *oído* que el Señor utiliza para dar instrucciones. Esta es la razón por la que Cristo se dirigió a las siete iglesias en Apocalipsis, diciendo: "El que tiene oído, oiga lo que el Espíritu dice a las iglesias" (Apocalipsis 2:7).

Un segundo pasaje en Job revela varias razones únicas, de las que rara vez se habla, de por qué Dios le da un sueño a sus seguidores:

> Sin embargo, en una o en dos maneras habla Dios;
> Pero el hombre no entiende.
> Por sueño, en una visión nocturna,
> Cuando el sueño cae sobre los hombres,
> Y les señala su consejo,
> Para quitar al hombre de su obra,
> Y apartar del varón la soberbia.
> Detendrá su alma del sepulcro,
> Y su vida de que perezca a espada.
>
> —Job 33:14–18

La primera razón que se da es que Dios "señala su consejo". La palabra hebrea utilizada en este pasaje para *consejo* significa *advertencia* o algún tipo de *dirección*. Este pasaje fue escrito en el tiempo de Moisés, antes de que se compilara la Biblia y la Palabra de Dios fuera colocada en manos de hombres comunes. Algunos ministros que no creen que Dios hable en la actualidad a y a través de su pueblo, dirían que Dios ya no utiliza visiones y sueños, ya que tenemos la Biblia y estos métodos de visiones eran antiguos, es decir, *métodos previos al Nuevo Testamento*. Estos ministros deberían pensar en lo siguiente:

- ¿La Biblia le dice específicamente con quién debe casarse, además de que sea creyente?

- ¿La Biblia le revela a qué se debe dedicar, además de ser un testigo para los demás?

- ¿La Biblia le revela el lugar donde debe vivir, además de vivir por fe?

- ¿La Biblia le revela en dónde debe servirle, además de ser un dador al Reino?

- ¿La Biblia le dice si debe conducir, irse en avión o evitar un viaje que planea hacer?

La Biblia es la Palabra inspirada de Dios y nos da promesas, profecías y enseñanzas prácticas para vivir en la Tierra mientras caminamos con Él. Sin embargo, existen muchos aspectos prácticos en la vida que debemos descubrir por medio de la oración y la intercesión, o a través de una palabra de sabiduría o conocimiento (1 Corintios 12:7–10), así como mediante una palabra de instrucción recibida en un sueño o visión. ¡Un sueño fue lo que le abrió la puerta a José para comenzar el plan de provisión en el tiempo de escasez!

El segundo propósito de un sueño o visión es que dejemos nuestra propia dirección [obras] y nos enfilemos en la dirección de Dios. Un sueño o visión le puede revelar la voluntad o el plan de Dios para su vida. Cuando los magos llegaron a Jerusalén preguntándole a Herodes dónde decían los profetas hebreos que nacería el Mesías, Herodes consultó a los fariseos religiosos quienes le respondieron que Belén era la ciudad esperada. Herodes les dijo a estos magos de oriente que regresaran con él una vez que supieran dónde estaba el niño (Mateo 2:8).

Después de visitar a la familia santa los magos iban de regreso a Jerusalén cuando un ángel del Señor les advirtió en un sueño que no regresaran con Herodes, sino que volvieran por otro camino (v. 12). En este caso el Señor estaba interrumpiendo los planes acordados y proporcionándoles dirección mediante una ruta alterna. Más tarde, el mismo ángel le advirtió a José que saliera de la ciudad con el niño Cristo y su madre, porque Herodes había enviado asesinar a todos los niños menores de dos años (v. 13).

Otra razón para las visiones y sueños es guardar el alma del "sepulcro" y de la "espada". El sepulcro puede ser el sepulcro literal o el infierno eterno, pero también puede referirse a una trampa del enemigo. La espada es una metáfora de guerra, pelea y destrucción violenta. En Eclesiastés 7:17 se nos pregunta: "¿Por qué habrás de morir antes de tu tiempo?". Creo que es posible partir de esta vida prematuramente. Puede ocurrir por una adicción a las drogas, alcoholismo, violencia de pandillas y accidentes. Es posible estar *en el momento correcto en el lugar adecuado* y *en el lugar equivocado en el momento inoportuno*. Cuando mi padre viajaba a Ohio para visitar a sus padres en la noche, se detuvo en una parada. Había una camioneta en el estacionamiento con ventanas polarizadas. Cuando mi papá salió del coche, de pronto vio una escena (una visión mental) que le decía que cuatro hombres de cabello largo lo estaban vigilando desde la camioneta y que si entraba al baño de hombres, lo asaltarían y lo lastimarían. Mi papá chasqueó los dedos como si hubiera olvidado algo, abrió la puerta del coche, arrancó el motor y se fue. Cuando lo hizo, ¡se abrió la camioneta y salieron cuatro hombres de cabello largo que intentaron alcanzarlo, pero lo perdieron! La obediencia a una visión mental repentina salvó su vida. Pablo dijo: "No fui rebelde a la visión celestial" (Hechos 26:19). La obediencia siempre produce un resultado positivo. El escritor de Job enseñó que las visiones y sueños son visitaciones celestiales para dar instrucciones, advertencias y direcciones.

SUEÑOS Y VISIONES: LA VOZ DE LA INTIMIDAD DE DIOS

Para hacer un recuento de las razones de los sueños y visiones, creo que comprender el verdadero propósito de Dios al revelar el futuro y dar instrucción en sueños y visiones involucra cuatro aspectos de nuestro caminar con Dios. Estos cuatro aspectos se encuentran en Génesis 22, donde Abraham le ofreció a Dios a Isaac en el monte Moriah.

1. El plan de Dios.

2. El lugar de Dios.

3. La provisión de Dios.

4. El propósito de Dios.

EL PLAN DE DIOS

La Biblia dice: "Porque yo sé los pensamientos que tengo acerca de vosotros, dice Jehová, pensamientos de paz, y no de mal, para daros el fin que esperáis" (Jeremías 29:11). También se nos dice que nuestros pensamientos no son los de Dios ni nuestros caminos los suyos (Isaías 55:8). Dios desea darnos a conocer sus pensamientos acerca de nosotros y lo hace principalmente a través de su Palabra (v. 11). Sin embargo, existen planes prácticos para nosotros que debemos conocer.

En Génesis 22:1, el Señor comenzó un plan que probaría la fe y la obediencia de Abraham. Dios dijo: "Toma ahora tu hijo, tu único, Isaac, a quien amas [...] y ofrécelo allí en holocausto" (v. 2). Este era el plan: ofrecer a Isaac. Cuando el Señor le da una revelación espiritual a usted, es para darle a conocer un plan. Puede ser que no siempre le dé la razón por la que le está pidiendo asistir a cierta iglesia, hacer un viaje de misiones, trabajar con niños, dar una ofrenda especial, etcétera, pero la obediencia siempre es parte de su plan.

Cuando Abraham llevó a Isaac de su casa a la tierra de Moriah (v. 4), observe quién faltaba en la historia; Sara no estaba ahí. La razón era obvia. ¡Isaac tenía alrededor de treinta años en ese tiempo y estaba tan apegado a su madre que no había conocido a su futura esposa o tenido su primera cita! Si Abraham le hubiera dicho a Sara: "El Señor me dijo que tomara a Isaac y lo ofreciera en sacrificio", habría estallado una guerra y Sara, sin duda, no hubiera permitido que Abraham siguiera con el plan. Es por esto que usted no siempre tiene que contarle a todos su visión hasta el momento indicado. El plan de Dios siempre viene en forma de visión, ya sea una visión literal, mental o en sueños que usted ve en su espíritu.

EL LUGAR DE DIOS

Dios tenía un plan, pero también tenía un lugar. Abraham debía ir a la tierra de Moriah y ofrecer a Isaac en un monte que Dios le mostraría (Génesis 22:2). La zona central de Israel en y alrededor de Jerusalén está rodeada de montañas, ¡pero Dios eligió una montaña específica! Años antes del nacimiento de

Isaac, Abraham ofreció el diezmo al primer rey y sacerdote del Altísimo en Jerusalén: Melquisedec (Génesis 14:20; Hebreos 7:9). Por lo cual, la zona de Moriah y Jerusalén habían sido apartadas como santas por el Señor y Abraham. Era un lugar especial, un lugar elegido por Dios. La frase "al lugar" se encuentra en Génesis 22:3-4 y 9.

Como creyente, usted puede estar en el lugar correcto en el tiempo adecuado, en el lugar equivocado en el tiempo inoportuno y en el lugar equivocado todo el tiempo, ¡a menos que conozca la voluntad de Dios para su vida! Cuando Moisés se desanimó por los pecados de Israel en el desierto, deseó ver la gloria de Dios y el Señor dijo: "He aquí un lugar junto a mí" (Éxodo 33:21). Moisés entró en una peña y experimentó la gloria de Dios al entrar en el "lugar" que Dios había señalado (vv. 22-23). Cientos de años después, un profeta deprimido, Elías, corrió al mismo monte (el monte Horeb) y entró en una cueva donde recibió la instrucción del silbo apacible de Dios (1 Reyes 19:8-12). Personalmente creo que Elías encontró la misma cueva, ese "lugar" donde Moisés se encontró con Dios cientos de años antes.

La bendición de Dios para usted será descubierta cuando encuentre su *lugar* en su propósito. Dios les habló en sueños y visiones a los patriarcas, dirigiéndolos de un lugar a otro diferente. Al buscar ese lugar especial, se encontraron en el centro de la voluntad de Dios.

DIOS TIENE LA PROVISIÓN

Nuestra generación está muy enfocada en la *provisión*. A menudo los creyentes aceptan cualquier tipo de promesa o bendición, prueban cualquier tipo de paquete de prosperidad y buscan a alguien con una supuesta unción para que ore por las finanzas de su vida. Una necesidad satisfecha es para el presente, pero el significado de provisión es proporcionar, preparar o suplir para una necesidad futura. Los hombres y mujeres expresan sus preocupaciones acerca de tener las provisiones correctas para el futuro.

Cuando Dios probó a Abraham en el monte Moriah, el amoroso padre llevó el cuchillo para el sacrificio y fuego para el altar, e Isaac llevó la madera hasta la cima de la montaña (Génesis 22:5–6). Una vez que llegaron, Abraham construyó el altar. Justo antes de que Abraham atravesara a su hijo con el cuchillo, el ángel del Señor detuvo el proceso y señaló un carnero trabado en un zarzal por sus cuernos (vv. 9–13). Este carnero sería la provisión de Abraham y se convertiría en la imagen del futuro sacrificio del cordero que un día se convertiría en la ofrenda final para toda la humanidad en el mismo monte (vv. 7–8).

Observe que en el relato el carnero estaba trabado en el zarzal por sus cuernos. Esto es interesante, ya que en este tiempo Abraham tenía más de 135 años (con base en la edad de Sara al morir en Génesis 23:1–2). Hubiera sido difícil para un hombre tan anciano pelear con un carnero si este hubiera estado libre y no trabado en el zarzal. De hecho, cualquier carnero habría escapado de Abraham si él hubiera intentado perseguirlo. Al trabar tan grande animal al zarzal, ¡Dios evitó que Abraham tuviera que *luchar* por la bendición!

Cuando usted haya descubierto el plan y encontrado el lugar, siempre habrá provisión ahí y Dios evitará que tenga que pelear por la bendición. La provisión está en el lugar, y el lugar donde usted debe estar le será revelado por medio de las Escrituras y a través de la dirección interna del Espíritu Santo, y a veces mediante visiones y sueños.

DIOS TIENE UN PROPÓSITO

Este es el orden divino: el plan, el lugar, la provisión y el propósito. En ese momento, Abraham no conocía el propósito final de su prueba. Sin embargo, debido a que Abraham (el hombre de pacto de Dios) estuvo dispuesto a darle a Dios su único hijo en el altar (Génesis 22:12), Dios mismo daría a su único Hijo como sacrificio en la cruz para la redención del hombre (Juan 3:16). En este relato Abraham de alguna manera recibió una visión con el plan y el propósito de Dios, o le fueron revelados, como la Biblia nos muestra: "Y llamó Abraham el nombre de aquel lugar, Jehová proveerá. Por tanto se dice hoy: En el monte de Jehová será provisto" (Génesis 22:14). No estoy seguro de lo que Abraham vio o experimentó ese día. Sin embargo, él sabía que Dios proveería de cordero (v. 8).

En el Nuevo Testamento, Cristo refirió este episodio cuando dijo: "Abraham vuestro padre se gozó de que había de ver mi día; y lo vio, y se gozó" (Juan 8:56). El propósito de esta prueba tenía que ver con el futuro. ¡Toda la escena del monte Moriah en Génesis 22 es una imagen de lo que vendría con la crucifixión de Jesucristo!

Todos tendemos a desear conocer *primeramente* el propósito o la razón. Preguntamos: "Señor, ¿por qué debo hacer esto?", "Señor, ¿por qué me estás llevando a esto?", "¿Por qué quieres que ayude a esta persona?". Y el *por qué* continúa. Nos sentimos motivados a obedecer si conocemos el propósito. No obstante, si supiéramos por qué, no caminaríamos por fe, sino por vista (2 Corintios 5:7). Si el Espíritu Santo le revelara a usted los detalles de lo que vendrá, tanto lo bueno como lo malo, usted intentaría acelerar lo bueno e intervendría para evitar lo malo. Cuando Dios sacó a Israel de Egipto, Él nunca les dijo acerca de las ciudades amuralladas, los gigantes en la tierra y las siete tribus cananeas que necesitarían conquistar, hasta que fueron a espiar la tierra. Dios sabía que si el pueblo estaba consciente de las batallas que enfrentarían, ¡ellos se resignarían a permanecer en Egipto y destruirían el destino de sus hijos y su nación! Así, Dios solamente revela el futuro en partes o, como Pablo dijo: "Ahora vemos por espejo, oscuramente" (1 Corintios 13:12). ¡El propósito solamente puede ser revelado después de haber seguido el proceso!

Nuestra vida debe estar enraizada y cimentada en la Palabra de Dios. Los sueños o visiones, o incluso las palabras proféticas y dones espirituales no reemplazan la Palabra inspirada por Dios. Éstos sirven como complementos de la enseñanza y predicación de las Escrituras y actúan como herramientas para que el Espíritu Santo nos dirija en temporadas especiales de nuestras vidas. Sin embargo, una persona nunca debería despreciar estas visitaciones espirituales y debe aprender a discernirlas correctamente. Espero que este libro lo haya ayudado en dicho asunto. Qué Dios lo bendiga.

SIMBOLISMO BÍBLICO DE LOS SUEÑOS A DETALLE

Esta sección presentará varios objetos y símbolos que se encuentran en las Escrituras y que también podrían forman parte de un sueño espiritual. Le mostraré el primer lugar donde se encuentra la palabra en las Escrituras y un posible significado general de cada palabra. Por favor, comprenda que el *significado* general puede no ser el único, pero sí el posible significado más común.

OBJETO: SAETAS

Primera referencia: Números 24:8 — Moisés escribió que Dios venció a sus enemigos utilizando saetas.

Significado posible: Ya no utilizamos arco y flecha, pero las saetas se utilizaban en batalla para vencer al enemigo.

Así como una espada puede representar la Palabra, las saetas disparadas pueden ser una referencia críptica para escrituras individuales *disparadas* y dirigidas al enemigo. Estas se convierten en *saetas de Dios* en las manos de un hombre poderoso. Si alguien le dispara una saeta y lo hiere, pueden ser palabras destructivas pronunciadas en su contra (Salmos 64:3-4; Jeremías 9:8). Si la saeta traspasa su cuerpo, especialmente su corazón, esto puede representar que las palabras traerán dolor a su corazón y espíritu.

OBJETO: AVE(S)

Primera referencia: Génesis 15:10 — Abraham sacrifica aves sin dividirlas sobre el altar.

Significado posible: En la Biblia, las aves no siempre son vistas positivamente. Cuando las aves comen de un canasto sobre la cabeza de un panadero, José dijo que Faraón quitaría la cabeza del hombre y las aves comerían su carne (Génesis 40:17-22). En la parábola del sembrador y la semilla, las aves vienen y comen la semilla tan pronto como es plantada en el corazón de la persona. Cristo dijo que estas "aves" eran espíritus malignos (Marcos 4:1-20). Las aves que comen la semilla pueden representar algo tentador que intenta robar la Palabra de su corazón. Las aves también se usan como metáforas de espíritus malignos (Apocalipsis 18:2).

En un sueño, si un ave ataca su carne, puede significar que usted encontrará dificultad con su carne, ya sea por tentación o por alguna enfermedad física. Si el ave ataca su casa, puede referirse a algo o alguien que está entrando en su casa y será en un problema para usted más tarde.

OBJETO: BARCOS/BOTES

Primera Referencia: Génesis 49:13 — Jacob profetizó que Zabulón sería un puerto de naves.

Significado Posible: Cuando pensamos en un barco o en un bote pensamos en viajar. En el Nuevo Testamento, muchos de los discípulos eran pescadores que poseían sus propios barcos

(Mateo 22; Lucas 5:3–7). Debido a que los peces eran recolectados en redes y los barcos transportaban la pesca, pueden referirse al barco que se utiliza para recolectar las almas. El barco es el medio de transporte que utiliza el ministro.

OBJETO: PAN

Primera referencia: Génesis 3:19 — Dios dijo que el hombre comería el pan con el sudor de su frente.

Significado posible: El pan es el alimento básico que sostiene la vida, especialmente entre los imperios de la antigüedad. En el Nuevo Testamento, Cristo enseñó que debíamos orar por el "pan nuestro de cada día" (Mateo 6:11). El pan puede referirse a la Palabra de Dios (Mateo 4:4). Cristo es llamado el "pan de vida" (Juan 6:35). Aunque el pan puede ser literalmente un alimento o referirse a la provisión de comida, en un sueño espiritual, el pan es el evangelio que alimenta a multitudes y satisface el alma de una persona.

OBJETO: TORO

Primera referencia: Génesis 32:15 — La lista de animales de Jacob consistía de diez novillos.

Significados posibles: un toro puede ser una bestia agresiva. En Salmos 22:12, el escritor dice: "Fuertes toros de Basán me han cercado". Un toro puede ser un espíritu agresivo o una situación que puede provocar desasosiego. Una vez soñé que muchos toros corrían durante una crisis y eso se refería a la bolsa de Nueva York, cuyo emblema ha llegado a ser un gran toro de bronce que está cerca de Wall Street.

OBJETO: BESTIAS

Primera referencia: Génesis 1:24 — Las bestias fueron llamadas por nombre el quinto día de la creación.

Posibles significados: En la Biblia, el ganado era importante en la prosperidad personal, ya que la res era la bestia más deseada del campo. Se menciona 151 veces en el Antiguo Testamento. Era usada para proporcionar leche y carne. José vio siete vacas fuertes y siete vacas flacas, indicando un hambre venidera. Las reses pueden aludir a su propia prosperidad o la de su negocio.

OBJETO: CADENAS

Primera referencia: Génesis 41:42 — Faraón puso una cadena de oro alrededor del cuello de José.

Posibles significados: En el Antiguo Testamento una cadena tiene dos significados: el primero es cuando se pone una cadena de oro alrededor del cuello de un líder (Daniel 5:7); el segundo es cuando las cadenas se le colocan a alguien para atarlo (Lamentaciones 3:7; Ezequiel 16:11). El gadareno fue atado con cadenas (Marcos 5:3). Pedro fue atado con cadenas en prisión (Hechos 12:6–7) y los ángeles caídos están atados con cadenas (2 Pedro 2:4).

En un sueño, alguien con cadenas puede referirse a algún tipo de esclavitud que esté atando al individuo. Si usted aparece con cadenas, puede significar un intento del adversario o de otras personas, de atarlo espiritualmente de alguna manera, de capturarlo o de atarlo. Si las cadenas están en sus pies, estas significan un obstáculo para predicar el evangelio. En sus manos, están deteniendo la obra que usted lleva a cabo. Si están sobre la boca, intentan callarlo.

OBJETO: TRIGO

Primera referencia: Génesis 27:28 — Isaac bendice a Jacob diciéndole que tendrá abundancia de trigo y de mosto.

Posibles significados: La palabra hebrea para trigo es *dagan* y se refiere al grano. En América, el maíz es el principal grano que crece en todo el país para alimento, combustible y otros fines.

En la visión del 11 de septiembre que tuve en 1996, los cinco tornados grisáceos se llevaron cinco filas de maíz. En este caso, era una profecía de que la economía sería impactada por estas tormentas, ya que la siembra, venta y alimentación del maíz es parte de nuestra economía nacional e internacional. Conforme a esto, soñar un campo de maíz o de trigo puede referirse al impacto económico de cierto evento sobre el lugar visto en el sueño o visión.

OBJETO: DESIERTO

Primera referencia: Éxodo 3:1 — Moisés va "a través del desierto" cuidando a las ovejas.

Significado posible: Israel deambuló por el desierto durante cuarenta años, debido a la incredulidad (Deuteronomio 2:7); y Cristo fue tentado por el enemigo en el desierto durante cuarenta días (Mateo 4:1–2). Se dice que los espíritus malignos "andan por lugares secos" (Lucas 11:24). Un desierto puede referirse a un tiempo de prueba o tentación venidero. También puede significar aislamiento y un periodo de soledad y de sostenerse solo en su fe.

OBJETO: PERRO

Primera referencia: Éxodo 11:7 — Dios dijo que ni un perro movería su lengua contra los hijos de Israel.

Significados posibles: En Estados Unidos, los perros son mascotas. David reprendió a Goliat por llamarlo "perro" (1 Samuel 17:43). Entre los judíos del tiempo de Cristo, los gentiles eran considerados "perros" (Mateo 15:26). Pablo escribió: "Guardaos de los perros" (Filipenses 3:2), gente malintencionada. En los tiempos antiguos, los perros no tenían dueño, vagaban por todas partes y eran considerados impuros. En un sueño, un perro sucio es una persona inmunda, un perro feroz es una persona violenta.

OBJETO: PUERTA

Primera referencia: Génesis 4:7 — Dios le dijo a Caín "el pecado está a la puerta".

Significados posibles: Si la puerta está cerrada, esto indica una oportunidad cerrada o un obstáculo en su proceso. Una puerta abierta es una oportunidad o la abertura por la que debe entrar (Apocalipsis 3:8; 4:1). En mis sueños de iglesias algunas veces no hay puertas, sino solamente aberturas como entradas. Esto indica que Cristo mismo es la puerta de la Iglesia (Juan 10:9).

OBJETO: TERREMOTO

Primera referencia: 2 Reyes 19:11 — Eliseo experimentó un terremoto que sacudió el monte.

Significado posible: La primera interpretación que se da cuando se sueña un terremoto puede ser muy literal. Un terremoto es un temblor que provoca un trastorno o daño, dependiendo de la magnitud del temblor. En un sueño espiritual, un terremoto se puede referir a un temblor repentino e inesperado. Si usted está en una iglesia, no quiere decir el edificio físico será sacudido, sino el Cuerpo de creyentes. Los terremotos dividen la tierra y un severo temblor espiritual puede significar que habrá división de algún tipo en el futuro.

OBJETO: UN CAMPO

Primera referencia: Génesis 2:5 — Dios habla de las hierbas y las plantas del campo.

Significados posibles: el Israel antiguo fue construido con base en la agricultura y los ciclos de cultivo. Los campos se utilizaban para plantar cebada y trigo (Deuteronomio 8:7–10). En las parábolas del Nuevo Testamento, el campo es el mundo y la cosecha son las almas de los hombres representados por el trigo y la cizaña (Mateo 13:38). En varios sueños y visiones pasados, he visto grandes campos, algunos con grano y otros no. En esos casos, representaban a Estados Unidos en su totalidad. En un sueño había pilas de grano en el campo con una Biblia encima. Sin embargo, el grano continuaba en la orilla. Por supuesto, esto era la cosecha de los campos que sucede al final del ciclo de cosecha (Levítico 23:22).

OBJETO: FUEGO

Primera referencia: Génesis 19:24 — Dios hizo llover fuego sobre Sodoma y Gomorra.

Significado posible: En la traducción King James en inglés se menciona la palabra fuego 549 veces. En muchos casos se utiliza para describir un juicio (Génesis 19:24), fuego para un sacrificio (Génesis 22:6) o se refiere a Dios cuando se manifestaba en forma de fuego (Éxodo 13:21–22). Los labios de Isaías fueron limpiados con carbones de fuego del altar (Isaías 6:5–7). Una conversación incontrolada (la lengua) se compara con el fuego (Santiago 3:5–6). Algunos tipos de juicios y tentaciones son llamados "fuego de prueba" (1 Pedro 4:12).

El fuego puede referirse a un juicio, a palabras negativas habladas, a expurgar a alguien o a alguna situación que sucederá.

OBJETO: PESCAR

Primera referencia: Juan 21:3 — discípulos pescaron después de la resurrección de Cristo.

Significados posibles: Ambos Testamentos mencionan a los peces. Ezequiel habla de tender las redes para pescar muchos peces (Ezequiel 47:10). Varios de los discípulos de Cristo eran pescadores y vivían en comunidades pesqueras (Lucas 5:1–7). Cristo dijo que los haría "pescadores de hombres" (Marcos 1:17). En un sueño, pescar es a menudo una indicación de ministerio y de alcanzar almas. Si el lago es pequeño será un ministerio más pequeño; si es largo, es un indicio de una iglesia o ministerio grandes. Una caña de pescar simboliza un ministerio local, mientras que una red indica un impacto mundial.

OBJETO: FLORES

Primera referencia: Éxodo 25:31 — Las flores se mencionan para describir un candelero de oro y la flor de oro labrada en la parte superior.

Significados posibles: Las flores aparecen una vez que ha terminado el invierno y llega la primavera (Cantar de los cantares 2:11–12). Las flores indican un comienzo fresco, la desaparición de lo viejo y el comienzo de lo nuevo con una temporada de frescura y descanso. Las flores que no han floreado indican las etapas tempranas o infantiles del nuevo comienzo.

OBJETO: ZORRAS

Primera referencia: Jueces 15:4 — Sansón cazó trescientas zorras y las utilizó para incendiar los campos de los filisteos.

Significado posible: Las zorras son conocidas por su astucia y sutileza. Ellas entran a hurtadillas, causan daño y se van sin ser detectadas. Cantares habla de "las zorras pequeñas que echan a perder las viñas" (Cantares 2:15). Una zorra puede representar una persona que obra a sus espaldas sin su conocimiento, pero que lentamente obstaculiza lo que usted hace, llevando a cabo lo suyo. Al "echar a perder las viñas", el crecimiento espiritual o fluir del Espíritu Santo se interrumpe y el fruto que debe producirse no se manifiesta.

OBJETO: CABRA

Primera referencia: Génesis 15:9 — Dios le dijo a Abraham que diera una cabra como ofrenda.

Significados posibles: Las cabras fueron utilizadas para engañar dos veces. Primero, cuando Jacob puso cabello de cabra sobre sus brazos para aparentar ser Esaú y engañar a su padre (Génesis 27:16); y la segunda vez, cuando la túnica de José fue sumergida en sangre de cabrito y presentada como señal de que había sido asesinado por un animal (Génesis 37:31). Una cabra es una imagen negativa en el Nuevo Testamento y puede representar a alguien que se encuentra en medio del rebaño de las ovejas, pero que no es genuino y puede tener una naturaleza engañadora. Las ovejas y las cabras serán separadas en el juicio (Mateo 25:33).

OBJETO: JOYAS O PIEDRAS PRECIOSAS

Primera referencia: Génesis 24:53 — Rebeca recibió joyas de plata y oro del siervo de Abraham.

Posibles significados: Los egipcios les dieron joyas o piedras preciosas a los hebreos, quienes utilizaron oro, plata y joyas para construir el tabernáculo en el desierto (Éxodo 11:2; 12:35; 35:22).

En el juicio de un creyente, las buenas obras serán recompensadas con "oro, plata y piedras preciosas" (1 Corintios 3:12).

Soñar o ver piedras o metales preciosos es un buen signo de que viene una gran bendición, tal como una bendición financiera o recompensas por su fidelidad. Esto es lo que muchos creen que será una parte de la recompensa.

OBJETO: LÁMPARA

Primera referencia: Génesis 15:17 — Dios pasó entre el sacrificio de Abraham con una antorcha de fuego.

Significado posible: Una lámpara proporciona luz en la oscuridad. Los mandamientos y la Palabra de Dios son comparados con una lámpara (Salmos 119:105; Proverbios 6:23). En la parábola de las diez vírgenes, todas ellas tenían lámparas, pero cinco no llevaban aceite extra y no tuvieron luz cuando llegó el novio (Mateo 25:1–8).

Una lámpara encendida es un signo de que la luz de la Palabra está presente. Una lámpara apagada se refiere a que la luz o la verdad está escondida o que no es bien recibida.

OBJETO: MANO IZQUIERDA

Primera referencia: Génesis 13:9 — Abraham le dijo a Lot que eligiera el lado izquierdo o el lado derecho de la tierra.

Significado posible: En Job 23:9, Job recuerda la bendición de Dios y sus pruebas presentes, y comprende que aunque no puede ver a Dios, cuando está a la siniestra de Dios, Él está obrando con su mano derecha. La mano izquierda se refiere a un tiempo de prueba o temporadas en las que parece que Dios no está obrando a nuestro favor.

OBJETO: RELÁMPAGOS

Primera referencia: 2 Samuel 22:15 — Habla del poder de Dios, que incluye enviar relámpagos para incomodar a sus enemigos.

Significado posible: El significado de los relámpagos depende del escenario y las circunstancias del sueño. Cuando un relámpago golpea en lo físico, este puede provocar incendios y destrucción, puede quitar la electricidad, etcétera. En un sueño espiritual, si un relámpago golpea en un día claro, este indica acontecimientos violentos o preocupantes que sucederán durante el tiempo de la tormenta espiritual.

OBJETO: COJEO/HERIDA

Primera referencia: Génesis 32:25 — El ángel tocó a Jacob y el encaje de su muslo se descoyuntó permanentemente.

Significado posible: En su juventud, Jacob estaba huyendo, pero con la cojera fue tranquilizado y esto hizo que dependiera más de Dios que de él mismo. Cuando experimentamos una cojera, esto significa algo que afectará nuestro caminar espiritual.

Al pueblo de Israel se le advirtió que si seguían a sus ídolos cananeos, estos falsos dioses serían "azotes para vuestros costados y espinas para vuestros ojos" (Josué 23:13). Si una persona tiene una derrota moral, recibe algún tipo de cojera.

OBJETO: LANGOSTAS

Primera referencia: Éxodo 10:14 — Dios les envió una plaga de langostas a los egipcios.

Significados posibles: Las langostas devoran cualquier cosa verde que crece. Una plaga puede terminar con las plantas y con las hojas de los árboles (Éxodo 10). Una langosta puede ser un insecto que de no ser destruido puede destruir lentamente la cosecha (Joel 1:4). Las langostas son pequeñas, pero cuando se convierten en una plaga, producen una gran agitación.

En un sueño espiritual, una langosta es una criatura pequeña que puede representar las pequeñas cosas que se combinan entre sí para agitar y crear obstáculos con los que usted necesita pelear. Usted necesita proteger el crecimiento espiritual de su vida y guardarse en contra de que las pequeñas cosas se agiten y se conviertan en grandes destructores.

OBJETO: CARNE

Primera referencia: Génesis 27:4 — Isaac le pidió a Esaú que le preparara su "guisado" favorito.

Significados posibles: En la versión King James en inglés, la palabra carne se utiliza por primera vez en Génesis 1:29: "Todo árbol [...] os será como carne". Esta palabra hebrea es *oklah* y significa alimento. La palabra *guisado* en Génesis 27:4 se refiere a la carne de animal, el cual es el significado principal en la mayor parte de la Biblia. En el Nuevo Testamento, los dos niveles de comprensión y recepción de la Palabra de Dios son "leche" y "alimento sólido" (Hebreos 5:12-13). La leche es la sencillez de la Palabra recibida por los creyentes inmaduros o jóvenes, mientras que el alimento sólido es la doctrina más profunda de las Escrituras.

Tener un sueño espiritual con carne puede referirse a la enseñanza o instrucción más profunda de la Palabra de Dios o a creyentes más maduros.

OBJETO: MONTE(S)

Primera referencia: Génesis 7:20 — Las aguas prevalecieron sobre los montes en el diluvio de Noé.

Significados posibles: Los montes tienen numerosas aplicaciones. Sentarse o vivir en un monte puede referirse a una gran victoria o logro, como el arca cuando "reposó" sobre los montes de Ararat (Génesis 8:4). Estar al pie del monte e intentar escalarlo puede referirse a una situación que tomará tiempo y esfuerzo. Los montes pueden ser dificultades que necesitan ser removidas por fe (Mateo 17:20). Los siete montes en profecía son siete reinos importantes de profecía (Apocalipsis 7).

OBJETO: ACEITE

Primera referencia: Génesis 28:18 —Jacob derramó aceite encima de la roca para marcar el punto de visitación del ángel del Señor.

Significados posibles: En la Biblia, el aceite se convirtió en la sustancia utilizada para marcar un punto sagrado o para ungir objetos sagrados, e incluso a reyes, profetas y sacerdotes (Éxodo 28:41; 1 Samuel 16:12; Zacarías 4:14). Santiago le dijo a los ancianos que oraran por los enfermos "ungiéndolos con aceite en el nombre del Señor" para su sanidad (Santiago 5:14). El aceite es un símbolo muy positivo en un sueño espiritual relacionado con el ministerio, la unción del Espíritu o el llamamiento de Dios para trabajar y servir.

OBJETO: RAMERA

Primera referencia: Génesis 34:31 — Simeón y Leví estaban molestos porque su hermana había sido llamada ramera.

Significado Posible: En el Antiguo Testamento, una ramera es un símbolo de infidelidad religiosa y adulterio espiritual. En Apocalipsis 17, una prostituta cabalga sobre una bestia, representando el reino final. Soñar una ramera indica seducción para apartarse de la verdad o apartarse de la justicia. La seducción puede venir de una persona o a través de un espíritu que se levanta y obra contra su mente y sus creencias.

OBJETO: LLUVIA

Primera referencia: Génesis 2:5 — En el jardín del Edén, es Señor aún no enviaba lluvia a la tierra.

Significado posible: Con excepción del diluvio de Noé (Génesis 7–8), la lluvia (sin ser diluvio o relámpago) es una indicación de bendición del Señor en su vida, ministerio o iglesia. Los términos "lluvia temprana o tardía" se refieren al derramamiento del Espíritu Santo (Joel 2:23; Santiago 5:7). Una vez un empresario soñó que apoyaba nuestro ministerio y caían gotas de oro sobre él. Cuando comenzó a apoyar nuestro ministerio, su negocio comenzó a prosperar. La lluvia también trae crecimiento y fruto a las plantas y árboles.

OBJETO: MANO DERECHA

Primera referencia: Génesis 13:9 — Abraham le dijo a Lot que eligiera el lado izquierdo o el lado derecho de la tierra.

Significado posible: La referencia de Génesis 13 habla de decidir entre dos opciones. Más tarde, en la cultura antigua, la mano derecha representaría autoridad o poder. La madre de Santiago y Juan deseaba que Cristo sentara a sus hijos a su diestra (Mateo 20:21). Cristo está en el cielo sentado "a la diestra de Dios" (Hechos 7:55–56). Cristo tiene siete estrellas en su mano derecha (Apocalipsis 1:20) y el libro de los siete sellos está en la mano derecha de Dios (Apocalipsis 5:1,7).

El nombre *Benjamín* significa *hijo de mi diestra*, debido a que la mano derecha es símbolo de favor y de recibir autoridad y posición.

OBJETO: RÍO

Primera referencia: Génesis 2:10 — En el huerto de Edén fluían cuatro ríos de una sola fuente de agua para regarlo.

Significado posible: Uno de los famosos ríos bíblicos es el Jordán, en Israel, que se menciona 182 veces en el Antiguo Testamento. Sirve como frontera entre dos naciones: Israel al occidente y Jordania al oriente. Cruzar el Jordán representa un nuevo comienzo, como cuando Josué cruzó con Israel (Josué 3-5). Elías cruzó el Jordán y fue traspuesto (2 Reyes 2:6-13); y Cristo fue bautizado en el Jordán (Mateo 3:13). Cruzar el Jordán también se refiere a una imagen de muerte y resurrección.

Si un río crece en una manera destructiva puede indicar una inundación literal o una riada de dificultades. Si es agua sucia, será un juicio; pero el agua cristalina de un río significa una tranquila transición próxima.

OBJETO: ROCA(S)

Primera referencia: Éxodo 17:6 — Moisés se paró sobre la peña de Horeb para sacar agua de ella.

Significados posibles: Las Escrituras enseñan que Dios es nuestra roca (Deuteronomio 32:4) y que la roca de la que salía agua en el desierto era Cristo (1 Corintios 10:4). Tropezarse con una gran roca puede representar una ofensa espiritual, ya

sea en la Palabra o una ofensa provocada al creer en Cristo
(1 Pedro 2:8). Un cimiento de roca es un cimiento espiritual
fuerte en la Palabra de Dios.

OBJETO: ARENA

Primera referencia: Génesis 22:17 — Dios le prometió a
Abraham que su simiente sería como la arena que está a la
orilla del mar.

Significado posible: Las estrellas están en el cielo y la arena
en la tierra. La "simiente espiritual" de Abraham es la Iglesia,
cuyas promesas son celestiales. La simiente terrenal es el pueblo
hebreo natural, ya que las promesas de Dios para ellos son
terrenales (la tierra de Israel, Jerusalén, etcétera). Las estrellas
pueden *caer del cielo* (lo que sucedió con Lucifer, Isaías 14:12–
15). La arena también puede ser llevada por el viento y movida
por el agua. Cristo enseñó que cualquier cimiento construido
sobre la arena, finalmente colapsaría (Matero 7:26–27).

Soñar con arena presenta varios significados posibles. Caminar
en la arena es caminar hacia, o a través de, una posible situación inestable. Estar enterrado en la arena es terrenal e indica
los alrededores carnales que intentan ahorcar su espirítua-
lidad. Construir en la arena indica a aquel que "oye estas palabras y no las hace" (Mateo 7:26).

OBJETO: MAR

Primera referencia: Génesis 1:26 — Al hombre se le ha dado
el dominio sobre los peces del mar.

Significados posibles: Proféticamente hablando, el mar puede
referirse a las naciones de la tierra (Isaías 17:12). La bestia de
Apocalipsis 13:1 surge del mar, o de las naciones alrededor del
Mediterráneo, llamado el gran mar en Daniel (Daniel 7:1–4).

Cuando Daniel vio los vientos que "combatían con el mar", esto indicaba un conflicto entre las naciones (v. 2).

OBJETO: SERPIENTE

Primera referencia: Génesis 3:1 — La serpiente en el jardín intentó que Eva comiera del fruto prohibido.

Significados posibles: Satanás utilizó a la serpiente en el jardín y por ende, a lo largo de las Escrituras, la serpiente es la imagen de Satanás o del poder de la oscuridad. En Apocalipsis, Satanás es llamado "la serpiente antigua, que se llama diablo" (Apocalipsis 12:9; 20:2). Un sueño espiritual que involucra serpientes nunca es un buen signo y se refiere a un ataque o un tiempo muy difícil. Si la serpiente lo muerde, esto significa que el problema tendrá un efecto emocional, físico y espiritual en usted.

OBJETO: HUMO

Primera referencia: Génesis 19:28 — El humo "como el humo de un horno" subió cuando las ciudades de Sodoma y Gomorra fueron quemadas.

Significado posible: El humo es el resultado del fuego. Este nunca es una imagen positiva, porque representa los restos de algo que ha sido quemado. David habló de ser "como el odre al humo" (Salmos 119:83), refiriéndose a un odre colgando de una tienda cerca de una fogata que seca el humo.

El humo puede provocar incomodidad y obstruir lo que usted intenta ver Donde hay *humo hay fuego* y esto puede referirse a una situación que provoca presión y confusión.

OBJETO: ESTRELLAS

Primera referencia: Génesis 1:16 — Dios hizo las lumbreras menores tales como la luna y las estrellas.

Significados posibles: Las estrellas son una imagen de la luz brillando en la oscuridad. También simbolizan las promesas eternas, tales como cuando Dios le dijo a Abraham que su simiente sería como las estrellas del cielo, que no pueden ser contadas (Génesis 15:5). Ver las estrellas a menudo representa las promesas de Dios, especialmente la provisión durante tiempos oscuros o difíciles.

OBJETO: TORMENTAS

Primera referencia: Job 21:18 — El escritor de Job habla acerca de cómo el tamo es arrebatado por el torbellino.

Significado posible: Las escrituras hablan acerca de escapar de la tormenta (Salmos 55:8), de tener a Dios como escondedero o refugio en la tormenta (Isaías 4:6) y de saber que Dios lleva a cabo su voluntad a través de la tormenta (Nahúm 1:3). En los Evangelios, las tormentas se levantaban en el Mar de Galilea; una de ellas casi vuelca la barca de los discípulos (Marcos 4:37; Lucas 8:23).

Una tormenta espiritual que Dios permite puede ayudar a una persona a examinar su propia vida para quitar el tamo excesivo de la vida del creyente. Una tormenta creada por las circunstancias provocará que examine su vida para determinar su nivel espiritual de fe. Una tormenta creada por los poderes demoníacos tiene el propósito de hacerlo naufragar en su fe, como cuando Satanás deseó zarandear a Pedro como a trigo para destruir su fe (Lucas 22:31–32). Una tormenta en un sueño indica un conflicto, un tiempo de dificultad o un desafío que está por venir a su vida, familia o iglesia. Si la tormenta daña árboles se puede referir a varias personas heridas por la situación.

OBJETO: CERDO

Primera referencia: Levítico 11:7 — Dios clasifica al cerdo como un animal inmundo.

Significado posible: En el Nuevo Testamento, los espíritus malignos que estaban en el gadareno se fueron a los cerdos (Mateo 8:32). Cristo les ordenó a sus seguidores: "Ni echéis vuestras perlas delante de los cerdos" (Mateo 7:6). En 2 Pedro 2:22, un reincidente es considerado como un perro que regresa a su vómito y como una cerda revolcada en el cieno. En un sueño, un cerdo es una persona o situación inmunda y puede referirse a una persona que alguna vez conoció a Cristo, pero que regresó a su vida de pecado.

OBJETO: ESPADA

Primera referencia: Génesis 3:24 — Los querubines con espadas encendidas estaban guardan el camino al árbol de la vida en Edén.

Significado posible: La espada encendida era una imagen del poder futuro de la Palabra de Dios. Efesios 6:17 enseña que "la espada del Espíritu es la palabra de Dios". Hebreos 4:12 dice que "la palabra de Dios es viva y eficaz, y más cortante que toda espada de dos filos".

He tenido varios sueños en los que aparece una espada de dos filos y en cada ejemplo yo la utilizaba para pelear con un enemigo espiritual, lo cual significa que vencería la adversidad leyendo, citando y creyendo en la Palabra de Dios.

OBJETO: TORNADOS

Primera referencia: 2 Reyes 2:1— En la Biblia llamados "torbellinos", los tornados se mencionan veintisiete veces en el Antiguo Testamento.

Significados posibles: Un tornado es repentino y muy destructivo, y siempre representa ya sea literalmente una tormenta con un desastre repentino que vendrá, o una tormenta espiritual. Cada vez que he soñado un tornado, ha sido un desastre repentino, a menudo a nivel nacional. Vi cinco tornados en la visión del 11 de septiembre en 1996 y el tornado de petróleo en el Golfo de México en julio de 2007.

Jeremías 23:1–20 menciona una destrucción provocada por tornados que produciría muchas muertes. Jeremías posiblemente se refería a la velocidad de los babilonios que entraron en Israel y causaron estragos en el templo y la ciudad de Jerusalén. Una vez vi a una líder del Departamento de Estado de los Estados Unidos que era seguida por tres enormes tornados. Yo sabía que representaban tres naciones importantes o tres problemas nacionales con los que ella tendría que tratar en su posición administrativa.

OBJETO: ÁRBOL(ES)

Primera referencia: Génesis 3:2 — Eva habló con la serpiente acerca de los árboles del jardín.

Significados posibles: Los árboles en realidad tienen varios significados. Los árboles fructíferos reales pueden referirse a éxito (si tienen fruto, Salmos 1:3) o a dificultados económicas y de negocios (si están marchitos, Joel 1:12). Un solo árbol también podría referirse a una persona, como cuando el rey Nabucodonosor vio un gran árbol frutal cortado y la interpretación de Daniel fue que el árbol era el rey y que sería quitado durante siete años (Daniel 4).

El tipo de árbol también es importante. Una palmera representa al justo (Salmos 92:12) y un cedro puede referirse a un justo en el ministerio, ya que los cedros se utilizaban en el templo (2 Crónicas 1-6). Un sauce llorón puede representar un tiempo de tristeza (Salmos 137:1-4). Un árbol de mostaza puede referirse a la fe (Lucas 17:6) y las higueras han sido mencionadas proféticamente como la nación de Israel (Oseas 9:10). Un árbol estéril y muerto puede referirse a una muerte total en la casa, en el trabajo, de una persona o de una situación.

OBJETO: VALLE(S)

Primera referencia: Génesis 14:17-18 — Abraham se encontró con el rey-sacerdote Melquisedec en el valle de Save.

Significado posible: La mayoría de las batallas del Antiguo Testamento se pelearon en valles, incluyendo la batalla de los cinco reyes (Génesis 14:1-3), la batalla de Josué en el valle de Ajalón (Josué 10:12) y el asesinato de Goliat en el valle de Ela (1 Samuel 17:2). De manera que los valles pueden indicar un tiempo de conflicto, batalla y algún tipo de choque. En Salmos 84:6 leemos acerca de hombres santos que "atravesando el valle de lágrimas lo cambian en fuente". Un valle es algo a través de lo cual se pasa para llegar al siguiente destino.

OBJETO: VASOS

Primera referencia: Génesis 43:11 — Jacob le dijo a sus hijos que llevaran bálsamo, miel, aromas y mirra, nueces y almendras en sus sacos (vasos).

Significado posible: Existen varias referencias de vasos en la Biblia. En el Nuevo Testamento, Pablo escribió que el carácter espiritual de las personas se compara con vasos de oro, plata, madera y barro (2 Timoteo 2:20). Existen "vasos de misericordia" (Romanos 9:23) e incluso vasos de ira (v. 22). Los humanos son comparados con vasos, porque podemos contener justicia, paz, gozo y la presencia de Dios en nuestro espíritu (Romanos 24:17). Cuando una persona sueña con un vaso roto, esto puede indicar un juicio que provocará un gran quebrantamiento. Si se levantan los pedazos puede indicar que usted ayudará a sanar una situación mala. Un vaso lleno puede ser una bendición completa. El oro es asociado con el sacerdocio o ministerio (Esdras 1:1–11).

OBJETO: CAMINAR DESCALZO

Primera referencia: 2 Samuel 15:30 — David huyó de Jerusalén descalzo, escapando de la conspiración contra él.

Significado posible: Soñar estar descalzo puede representar no estar listo para una situación. David tuvo que dejar la ciudad rápidamente para evitar un posible asesinato (vv. 30–32). He soñado estar descalzo y cada vez ha sucedido algo rápido e inesperado. Cuando usted viste los zapatos del evangelio, sus pies están calzados con "el apresto del evangelio de la paz" (Efesios 6:15).

OBJETO: AGUA

Primera referencia: Génesis 2:10 — Cuatro ríos regaban el huerto de Edén.

Significados posibles: Las tribus de la antigüedad en las Escrituras necesitaban el agua para sobrevivir. La falta de agua producía hambruna. El agua a menudo se refiere al Espíritu Santo; cuando Jesús habló del Espíritu Santo dijo: "El que cree en mí [...] de su interior correrán ríos de agua viva" (Juan 7:38–39).

El agua purifica, sacia la sed y hace que la vida florezca; todas estas son obras del Espíritu. Un pozo lleno es la llenura del Espíritu y uno seco, es un espíritu vacío.

OBJETO: BÁSCULAS

Primera referencia: Job 31:6 — Job habló de ser pesado por Dios en balanzas de justicia.

Significado posible: El Antiguo Testamento utiliza la palabra "balanza" cuando se refiere a un instrumento con dos platos para medir pesos. Las Escrituras hablan del peso falso (Proverbios 11:1) y de balanzas justas (Proverbios 16:11). Daniel interpretó la escritura de la pared que decía: "Pesado has sido en la balanza, y fuiste hallado falto" (Daniel 5:27).

Un sueño o visión de una balanza identifica el plan de Dios de pesar algo o a alguien para ver si es justo o injusto, y si la bendición o desaprobación de Dios estará sobre ello.

OBJETO: TRIGO

Primera referencia: Génesis 30:14 — Rubén trajo mandrágoras del campo durante la siega de los trigos.

Significados posibles: Muchas guerras locales que peleó Israel con los filisteos y con otras tribus ocurrieron en el tiempo de siega. Los enemigos deseaban quedarse con el trigo que había sido recogido. Es por ello que Booz dormía en la pila de grano para evitar que los ladrones robaran el trabajo de todo un mes (Rut 3:7). El trigo era algo preciado y valioso, y preservaba la vida del pueblo durante el invierno.

En el Nuevo Testamento, el trigo representa a los hijos de Dios en el reino (Mateo 13:38). El trigo también representa la cosecha local, nacional e internacional de almas que necesitan ser alcanzadas por el evangelio. En casi todos los ejemplos,

un campo lleno de trigo es una cosecha completa; un campo de trigo muerto es un área que ha sido destruida espiritualmente por los eventos que han obstaculizado la efectividad del evangelio y un campo de trigo enfermo puede significar que el mensaje predicado en el área ha sido corrompido o distorsionado. Recolectar el trigo indica que usted tendrá una gran cosecha de almas. Perder el grano indica que la gente, su iglesia o ministerio se apartarán de usted.

OBJETO: VIENTO

Primera referencia: Génesis 8:1 — Cuando el viento de Dios sopló sobre la tierra secó las aguas en los tiempos de Noé.

Significados posibles: Existen dos tipos de viento: el viento que viene del cielo como una manifestación del Espíritu Santo, tal como el "viento recio" en el día del Pentecostés (Hechos 2:1–4) y el viento que trae destrucción y muerte como cuando Satanás produjo tormentas de viento que destruyeron la casa de la familia de Job, provocando la muerte de diez hijos (Job 1). En un sueño, si el viento está haciendo pedazos los alrededores, esto indica que se acerca un tiempo de problemas severos. Si el viento es tranquilo y produce un sentimiento positivo, puede referirse a un mover del Espíritu Santo para tal situación.

Notas

CAPÍTULO 1—LOS POSTREROS DÍAS: TIEMPO DE RASGAR EL VELO

1. Elizabeth Dias, "In the Crystal Ball: More Regulation for Psychics" [En la bola de cristal: más regulación para los psíquicos], 2 de septiembre de 2010, TIME.com, http://www.time.com/time/nation/article/0,8599,2015675,00.html (consultado el 14 de septiembre de 2010).

CAPÍTULO 2—EL FACTOR "SUEÑO"

1. Flavio Josefo, *Antiguedades judías*, libro 10, capítulo 7, Christian Classics Ethereal Library, http://www.ccel.org/j/josephus/works/ant-10.htm (consultado el 13 de diciembre de 2010).

CAPÍTULO 3—¿POR QUÉ ALGUNOS SUEÑOS TARDAN EN CUMPLIRSE?

1. Jaquetta White, "BP Oil Spill May Cost Louisiana Fishing Industry \$172 million" [El derrame de petróleo de BP le puede costar \$172 millones de dólares al sector pesquero de Luisiana], *New Orleans Times-Picayune,* 15 de octubre de 2010, http://www.nola.com/business/index.ssf/2010/10/bp_oil_spill_may_cost_lousian.html (consultado el 18 de octubre de 2010).

2. Stephen C. Fehr, "Gulf States Fear Long-Term Fiscal Effects of Oil Disaster" [Los estados que rodean el Golfo de México temen efectos fiscales a largo plazo por el desastre de petróleo], Stateline.org, 4 de junio de 2010. http://www.stateline.org/live/details/story?contentId=493859 (consultado el 18 de octubre de 2010).

CAPÍTULO 4—LAS PESADILLAS Y LOS SUEÑOS IMPUROS

1. Answers.com, "What Is the Origin of the Word *Nightmare*?" [¿Cuál es el origen de la palabra *pesadilla*?] (consultado el 13 de diciembre de 2010).

2. Emil G. Hirsch, "Lilith", JewishEncyclopedia.com, http://www.jewishencyclopedia.com/view.jsp?artid=421&letter=L (consultado el 15 de septiembre de 2010.

3. W. E. Vine, *Diccionario Expositivo de Palabras del Antiguo y del nuevo Testamentos* (Nashville, TN: Thomas Nelson, 1984), s.v. "demonio, demoníaco", 158.

4. Ibíd., s.v. "renovado", 960.

5. Perry Stone, *Se descifra el código judío* (Lake Mary, FL: Charisma House, 2009), 94–94.

6. *Israel Today* magazine (Revista Israel hoy), núm. 75, abril de 2005, 12.

7. *Israel Today* magazine (Revista Israel hoy), núm. 49, febrero de 2003, 12.

8. Stone, *Se descifra el código judío*, 103–104.

CAPÍTULO 6—LAS VOCES DE LOS PSÍQUICOS CONTRA LAS VISIONES PROFÉTICAS

1. William Patalon III, "Psychic Friends Network Firm Goes Bankrupt" [La red de amigos psíquicos se va a la quiebra], *The Baltimore Sun*, 5 de febrero de 1998, http://articles.baltimeresun.com/1998-02-05/business/199836093_1_psychic-friends-infomercia-banckrupcy (consultado el 7 de octubre de 2010).

2. La fuente no está disponible.

3. James Henry Breasted, *Development of Religion and Thought in Ancient Egypt* [El desarrollo de la religión y pensamiento del Egipto antiguo] (Filadelfia: Prensa de la Universidad de Pennsylvania, 1972), 211. Consultado en www.books.google.com el 7 de octubre de 2010.

4. Adam Clarke, *Comentario de Adam Clarke*, base de datos electrónica (s.l.: Biblesoft, 1996), s.v. "Éxodo 1:16".

5. Josefo, *Antiguedades judías*, libro 2, capítulo 9, http://www.vvel.org/josephus/works/files/ant-2.htm (consultado el 14 de diciembre de 2010).

6. Ibíd.

7. Gaius Suetonius Tranquillis, *Las vidas de los once césares*, trad. Alexander Thomson, rev. y corr. por T. Forester (s.l.: BiblioBazaar, 2008), 57.

8. Plutarch, *Plutarch's Lives of the Noble Grecians and Romans* [Vidas de los griegos y romanos nobles de Plutarco], vol. 2, trad. John Dryden (New York, Random House, 1992), 240.

CAPÍTULO 8—APRENDA A ESCUCHAR LOS SUEÑOS DE ADVERTENCIA DE SU ESPOSA

1. TIME, "Worship: Gospel According to Claudia" [Adoración: el evangelio según Claudia], 12 de abril de 1963, http://www.time.com/time/magazine/article/0,9171,828101,00.html (consultado el 14 de diciembre de 2010).

2. Henry Forman, *The Story of Prophecy* [La historia de la profecía] (New York: Tudor Publishing Co., 1940), 97–98, citado en Perry Stone, *Unusual Prophecies Being Fulfilled* [Profecías inusuales cumplidas], núm 7 (Cleveland, TN: Voice of Evangelism, s.f.).

CAPÍTULO 9—EL SIGNIFICADO DE SOÑAR LA PARTIDA DE UN SER AMADO

1. Ward Hill Lamon, *Recollections of Abraham Lincoln 1847–1865* [Recuerdos de Abraham Lincoln 1847–1865] Chicago: A.C. McClurg and Company, 1895), 113–114. Consultado en www.books.google.com el 15 de diciembre de 2010.

2. Ibíd., 117–118.

3. Jill Stefko, "Abraham Lincoln and the Paranormal" [Abraham Lincoln y lo paranormal], 19 de abril de 2007, Suite101.com, http://www.suite101.com/content/abraham-lincoln-and-the-paranormal-al9245 (consultado el 8 de octubre de 2010).

4. Perry Stone, *Ángeles en misión* (Lake Mary, FL: Charisma House, 2009), 61–62.

CAPÍTULO 14—LOS SUEÑOS: EL PROPÓSITO
ASOMBROSO DE ESTAS REVELACIONES

1. Dwight Mallory Pratt, *International Standard Bible Encyclopedia* [Enciclopedia de la Biblia internacional estándar], base de datos electrónica (s.l.: Biblesoft, 1996), s.v. "parte interna".

2. Kendra Cherry, "Stages of Sleep" [Las etapas del sueño], About.com. Psychology, http://psychology.about.com/od/statesofconsciousness/a/SleepStages.htm (consultado el 12 de octubre de 2010).